ライブラリ 経済学ワークブック=1

ミクロ経済学ワークブック

アクティブに学ぶ書き込み式

岩田 真一郎 著

MICROECONOMICS WORKBOOK

新世社

まえがき

本書は，入門・初級レベルから中級レベルのミクロ経済学を学ぼうとする読者を対象としたワークブックです．ワークブックとは，例題や練習問題を実際に自分自身で解くトレーニング形式によって，当該テーマへの理解度をチェックし，問題への取り組み方を学ぶ演習書を意味しますが，本書はとくに直接本に問題の解答を書き込むことを最大の特徴としています．

入門・初級ミクロ経済学では，四則演算以外の数学を使わず図表（グラフ）を中心として，限りある資源や財（・サービス）を無駄なく（効率的に）配分できるかというミクロ経済学の基本原理を解説しますが，そこではミクロ経済学が対象とする膨大な内容の一部しか取り扱われません．中級ミクロ経済学では，さらに現実の消費者行動，企業行動，政府行動，市場の動きを専門的に診断できる知識を身につける必要があります（くわしくは後掲の「本書の構成と利用について」をご覧いただければと思います）．

中級レベルのミクロ経済学の講義に出席したり，教科書を購入したりして勉強をはじめた大学生の中には，その範囲の広さ，難しさに驚かれた方も多いのではないでしょうか．実際，多くの大学生が内容を十分に理解できないまま，中級ミクロ経済学の勉強を終えてしまう傾向にあります．

その理由の一つは，自分自身で例題や練習問題を解く機会が圧倒的に少ないためと思われます．そこで本書では，ミクロ経済学の入門・初級から中級の範囲で，例題を183問，練習問題を29問，全212の問題を用意しました．問題は計算式を解くというものばかりではなく，数値例を完成するもの，グラフに曲線を描くもの，自らの理解を整理した説明を書くものなど，学ぶ実感が得られるように配慮しています．

なお，ワークブックの性格上，本書の解説部分は最小限の記述にとどまっています．そのため，読者が折りにふれてご自分の持たれているミクロ経済学の教科書の該当箇所を参照されると，理解がより充実したものになると思います（本書の「あとがき」では本書の執筆において参考にしたミクロ経済学の教科書を紹介しています）．

また，例題と練習問題の解答を巻末につけていますが，紙数の関係から図の解答については，出版元の新世社のウェブサイトに載せています．そちらには計算式や，解答の補足も入れていますので，是非アクセスをしていただければと思います．

本書のカバーする範囲は，大学での講義にとどまらず，大学院入学試験，資格試験の準備としても有用です．本書による「手を動かしながらの学び」が，読者にとって実りの多いことを祈っています．

2016年2月

岩田 真一郎

目　次

第1部　部分均衡分析

第1章　市場と資源配分　1
1.1　完全競争市場　2
1.2　需　要　2
1.3　供　給　8
1.4　市場均衡　13
1.5　完全競争市場の効率性　15
　　練習問題　17

第2章　市場介入　18
2.1　政府の市場介入と死荷重　19
2.2　価格規制　19
2.3　数量規制　22
2.4　課　税　23
2.5　自由貿易の利益と関税　24
　　練習問題　26

第3章　市場の失敗　28
3.1　市場の失敗　29
3.2　外部性　29
3.3　公共財　38
　　練習問題　44

第4章　弾力性　45
4.1　需要の価格弾力性　45
4.2　供給の価格弾力性　51
4.3　市場均衡と弾力性　55
4.4　弾力性と政府介入　56
　　練習問題　59

第5章　企業行動1：費用　60
5.1　利　潤　61
5.2　短期と長期　61
5.3　短期の費用　62
5.4　長期の費用　72
　　練習問題　75

第6章　企業行動2：生産　77
6.1　短期における生産の決定　77
6.2　長期における生産の決定　86
6.3　市場供給曲線　88
　　練習問題　93

第7章　独占　95
7.1　独占企業と需要曲線　95
7.2　独占企業の行動　96
7.3　独占の非効率性　101
7.4　独占価格と需要の価格弾力性　102
7.5　自然独占と価格規制　105
　　練習問題　110

第8章　寡占と独占的競争　112
8.1　独占市場の特徴　113
8.2　寡　占　114
8.3　クールノー・モデル　118
8.4　シュタッケルベルグ・モデル　124
8.5　ベルトラン・モデル　130
8.6　独占的競争　132
　　練習問題　134

第2部 一般均衡分析

第9章 消費者行動　136
9.1 効用関数と無差別曲線　136
9.2 予算制約線　142
9.3 効用最大化と最適消費　147
9.4 代替効果と所得効果　155
　練習問題　157

第10章 交換経済　159
10.1 交換経済の基本　160
10.2 交換の効率性　163
　練習問題　171

第11章 企業行動3：生産要素　172
11.1 生産関数と等量曲線　172
11.2 等費用線　181
11.3 費用最小化と最適投入量　183
11.4 生産量の変化と投入量の調整　188
　練習問題　192

第12章 生産経済　194
12.1 生産経済の基本　195
12.2 生産の効率性　197
12.3 生産可能性曲線　200
12.4 等収入線　205
12.5 最適生産　206
　練習問題　209

第13章 生産と交換の経済　211
13.1 生産物構成経済の基本　212
13.2 生産物構成の効率性　213
　練習問題　216

第3部 その他の分析

第14章 情報の非対称性　217
14.1 不確実性と期待効用　218
14.2 資産制約線　220
14.3 最適保険金　223
14.4 隠された行動　225
14.5 隠された性質　227
　練習問題　229

補論 経済数学　231
A.1 関　数（231）　A.2 平均変化率（231）　A.3 瞬間変化率（232）　A.4 導関数と微分（233）　A.5 微分法の公式（234）　A.6 2階の微分係数（235）　A.7 関数の最大値・最小値（236）　A.8 偏微分（236）　A.9 全微分（237）　A.10 制約付き最適化（238）

例題・練習問題略解　239

索　引　246

あとがき　248

＊作図の解答や解答の補足を新世社のウェブサイトの「サポートページ」欄に掲載しています．
　https://www.saiensu.co.jp
にアクセスしていただき，本書の紹介頁をご参照ください．

本書の構成と利用について

1. 本書の構成

まず，第1部では，ある特定の1財の取引を扱う部分均衡分析について学びます．第1章から第3章までは，入門・初級のミクロ経済学で学んだ知識を復習します．その際に，四則演算だけでなく，最適化問題を解くために，微分の知識を使います．計算問題がよくわからない読者は，巻末の「補論」において数学的知識の要点解説をしていますので，そちらを参照し，適宜，経済数学の教科書にあたられて下さい．一方，すでに学修がすんだ読者は第1〜3章は必要に応じて取り組むことでも良いと思います．

第4章では弾力性の概念を理解し，市場分析に応用します．第5章以降は，以上の入門・初級レベルのミクロ経済学の内容から順次中級レベルに移行していきます．第5章・第6章では完全競争市場における企業行動について詳細に見てゆきます．この2つの章は，様々かつ抽象的な費用概念が新しく登場するため，多くの大学生がつまずくところでもあります．

ここを乗り越えると，続く第7章と第8章の理解が楽になります．その第7章と第8章は，不完全競争市場（独占，寡占，独占的競争）について学びます．不完全競争市場では，企業数が少ないため，企業間の行動が相互作用します．この相互作用を分析する道具であるゲーム理論についての問題も用意しています．

重要なことは不完全競争市場では，効率的な資源配分が実現できない傾向にあることを理解することです．このため政府介入が状況に応じて必要になってきます．

次に，第2部では複数の財の取引を扱う一般均衡分析について学びます．現実の経済では，消費者は複数の財の消費の組み合わせを考え，企業は財の生産のために複数の生産要素の投入量を決定します．このことを，第9章では消費者行動，第11章では企業行動を通じて学びます．

市場においても，複数の財の取引が互いに影響し合うのが一般的です．第10章では，これまでの消費者と生産者による財の取引とは異なり，消費者同士が市場で財を交換し合う状況を考えます．続く第12章では，生産者である企業同士が市場で生産要素を交換し合い，各社の生産量を決定する状況を考えます．

第13章では，第10章と第12章を統合します．ここでは，企業が生産した財をいったん消費者に分配し，その後，消費者が市場で財を交換し合う状況を考えます．分析は一段と複雑になりますが，次にあげる利点があります．第1に，一般均衡分析でも，市場が競争的な場合には効率的な資源配分が実現することが理解できます．第2に，ある市場で起きた現象（問題）が，他の市場に波及し，新たな現象（問題）を引き起こすことが理解できるようになります．

最後に，第3部では，その他の市場として，現実の取引で問題になる情報の非対称性について学びます（第14章）．取引する相手の性質や行動が観察できないとき，効率的な資源配分の実現が困難になることを理解することが目的になります．

2. 本書の利用について

問題は，グラフのプロットを行うもの，重要概念や用語について答えるもの，計算式に基づいて数値を求めるもの，分析を論述するものなど，大別して4パターンほどあります．

グラフは，点や線を直接書き込める大きさになっています．数値や文字を書き込む空欄も同様です．記述問題は概ね書くべきスペースを示しました．いずれも，後で訂正する場合を考えて，最初は鉛筆で書き込むのが良いと思います．

なお，巻末の略解にある記述問題の解答は模範解答でその通りの文章でなくとも構いませんが，書くべきポイントが何かを必ず確認して下さい．

まえがきにあるように，作図の解答については新世社のウェブサイト（前頁参照）に掲載しています．そちらでは，数値を求めた計算式も載せています．また解答の補足も入れていますので，是非アクセスしていただければと思います．

第1章
市場と資源配分

> **Outline**

　第1章は，入門・初級レベルの経済学（**需要と供給**）を確認する．ここでは，ある1つ（特定）の財（・サービス）の消費者（**家計**）と生産者（**企業**）の取引に着目する．経済の仕組みは図1.1の通りである．

図 1.1　経済の仕組み

　この市場において，当該財の価格や取引量（資源配分）がどのように決定するかを分析する．このような1つの財についての分析は，**部分均衡分析**と呼ばれる．

　なお，市場取引を通して，資源配分が決定される経済の仕組みを**市場経済**と呼ぶ．それに対して，中央（政府）が資源配分を決定する経済の仕組みを**計画経済**と呼ぶ．このテキストでは，市場経済において資源がどのように配分されるかを学んでいく．

　この章では，市場に消費者，生産者が多数存在し，財は差別化されていないため，消費者，生産者は市場価格を受け入れて行動する**価格受容者**（**プライス・テイカー**）と考える．消費者，生産者のどちらも価格受容者のとき，その市場は**完全競争市場**になる．

　最も重要なのは，完全競争市場では効率的な資源配分が実現されることを理解することである．

1.1 完全競争市場

例題 1.1 空欄に適切な言葉を入れなさい．

完全競争市場では，消費者と生産者は価格を与えられたものとして受け取り，消費者は需要量を，生産者は供給量を決定する．このように行動する経済主体（消費者や生産者）を価格[　　　　]と呼ぶ．

【解答のヒント】
- 消費者の数も生産者の数もきわめて多く，取引されている財が同質的であるような市場を**完全競争市場**と呼ぶ．完全競争市場では，その他に下記の条件を満たす必要がある．
- 消費者も生産者も取引されている財の品質に関して十分な知識を持っている．
- 消費者も生産者も市場へ自由に参入・退出できる．

1.2 需　要

(i) 需要曲線

例題 1.2 図 1.2（A）には，消費者 A の需要曲線（D_A）と消費者 B の需要曲線（D_B）が描かれている．仮に市場にはこの2人の消費者しか存在しないとすれば，市場需要曲線（D）はどのような形状になるか，図 1.2（B）に描きなさい．

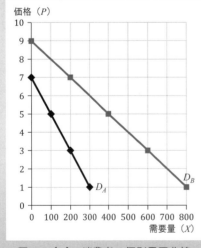
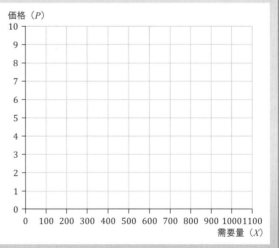

図 1.2（A） 消費者の個別需要曲線　　　図 1.2（B） 市場需要曲線

【解答のヒント】
- 消費者の行動（Outline の図 1.1 の左部分）を分析することにより，財の価格と消費量（需要量）の関係を知ることができる．
- 価格と需要量の関係を示す曲線を**需要曲線**と呼ぶ．
- 市場需要曲線は価格を固定して個別需要曲線を水平方向に合計することにより求まる．
- 価格が 7 以上のときは消費者 B しかこの財を消費しない．このとき，市場需要曲線は消費者 B の個別需要曲線に一致する．価格が 7 より低くなると，消費者 A も消費を開始するため，市場需要曲線は消費者 A と消費者 B の個別需要曲線を足し合わせたものになる．以上から，市場需要曲線は価格 7 を境に屈折した形状になる．
- 一般に，価格が低下すると需要量が増える傾向にあるため，需要曲線は右下がりになる．これを**需要の法則**と呼ぶ．

（ii）消費者余剰

例題 1.3 表 1.1 は，ある財の需要量に応じたある消費者の便益や限界便益の大きさが示されている．またこの財の価格は 1 単位 100 で取引されているとする．

（1） 表 1.1 の（A）から（F）の空欄に適切な数値を埋め，表 1.1 を完成しなさい．

表 1.1　消費者の需要と便益

需要量	便益	限界便益	価格	限界便益−価格
0	0			
		500	100	400
1	500			
		(A) 〔　〕	100	(D) 〔　〕
2	700			
		(B) 〔　〕	100	(E) 〔　〕
3	800			
		(C) 〔　〕	100	(F) 〔　〕
4	850			
		25	100	−75
5	875			

（2） 以下は表 1.1 に関する説明である．空欄に適切な言葉を入れなさい．

　　需要量が増えると便益の増加分は次第に ［　］^{A} くなる．これを限界便益 ［　］^{B} の法則と呼ぶ．

続く➡

（3） 空欄に等号または不等号を入れなさい．

　消費者が財の消費を追加的に1単位増加させたとき，限界便益 [A] 価格の関係であれば，消費を増やすことにより消費者余剰を増やすことができ，限界便益 [B] 価格の関係であれば，消費を増やしても消費者余剰の大きさは変わらない．それに対し，限界便益 [C] 価格の関係であれば，消費を増やすと消費者余剰が減少する．

（4） 財の価格が100のとき，消費者余剰を最大にする消費量は何単位になるか答えなさい．

　　　　　　　　　　　　　　　　　　　　　　　　　　　　　　　　　　[　] 単位

（5） 財の価格が200に上昇するとしよう．このとき，消費者余剰を最大にする消費量は何単位になるか答えなさい．

　　　　　　　　　　　　　　　　　　　　　　　　　　　　　　　　　　[　] 単位

【解答のヒント】

- 図 1.2（A）において，財の価格が3のとき，消費者 A が200の量（200単位）の財を消費している．このような行動の理由を考える理論を構築する．
- ミクロ経済学では，消費者や生産者は合理的に行動すると仮定する．ここで，合理的とは，それぞれの目的を達成するために最も望ましい行為を選択することをいう．
- 消費から得られる満足を**便益**と呼ぶ．第1章では，この便益は貨幣で計測できると仮定する．なお，「第9章 消費者行動」では便益を効用という言葉に置き換えて分析する．
- 追加的な財の消費により便益は増加すると仮定する．追加的な財の消費による便益の変化は**限界便益**と呼ばれる．
- （2）に記されているように，財の消費量が増えるにつれて，限界便益は次第に小さくなると考えられている．
- **消費者余剰**（Consumer Surplus, *CS*）は便益から支出（価格×需要量）を差し引いた金額と定義される．完全競争市場では，消費者は与えられた価格の下で，消費者余剰を最大にするように財の需要量を選択すると考える．
- 消費者は需要量を追加的に増加させたときの便益の増加（**限界便益**）と支出の増加（**価格**）を比較し，消費者余剰の増減を検討する．
- 消費者余剰を最大にする需要量において，限界便益と価格は一致している．

例題1.4

（1）**表1.1**（例題1.3）の需要量と限界便益の関係に沿って**図1.3**の限界便益曲線を完成しなさい．

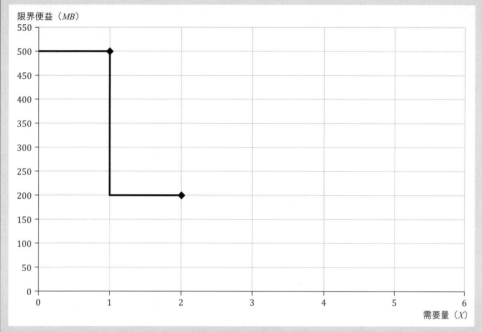

図1.3 限界便益曲線

（2）以下は限界便益曲線と需要曲線の関係について述べたものである．空欄に適切な言葉を入れなさい．

　消費者は価格が与えられると〔　A　〕と等しくなるように需要量を決定する．このことは，限界便益曲線は〔　B　〕そのものであることを意味する．

【解答のヒント】
- 限界便益曲線は限界便益逓減の法則を反映して右下がりの曲線になる．
- 消費者余剰を最大にする最適な消費量は価格と限界便益が等しくなる点から求まる．したがって，価格が100の場合，最適消費量は3単位になり，価格が200の場合は2単位になる．

例題 1.5 財の価格が 100 であり，消費者は消費者余剰を最大にするように財を 3 単位購入するとしよう．このときの消費者余剰の大きさを図 1.4 に示しなさい．

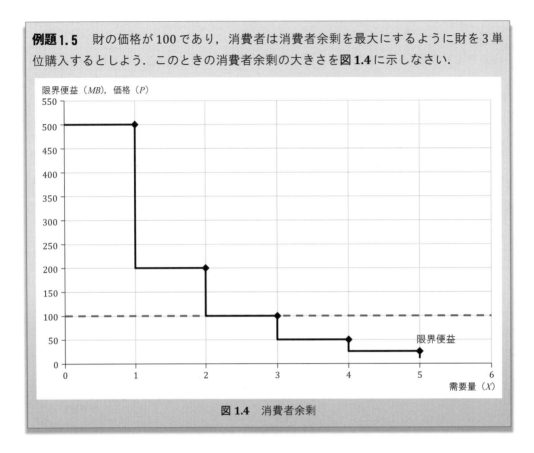

図 1.4　消費者余剰

【解答のヒント】
- 需要量が 0 のとき，消費者は何ら便益を得ず，支払いもないため，消費者余剰は 0 になる．
- 1 単位目の消費から消費者は追加的に 500 の便益を享受するが，実際には 100 支払うだけでよい．その結果，消費者余剰の大きさは追加的に 400 だけ増加する．
- 2 単位目の消費から消費者は 200 の追加的な便益を享受するが，実際には 100 支払うだけでよい．その結果，消費者余剰の大きさは追加的に 100 だけ増加する．
- 3 単位目の消費から消費者は 100 の追加的な便益を享受し，実際にも 100 支払う．したがって，3 単位目の消費によって消費者余剰の追加的な変化はない．

例題1.6 財の価格が1/5で与えられ，ある消費者の便益関数（U）が次のように表せるとしよう．

$$U = 2X^{\frac{1}{2}}$$

(1) $X>0$ のとき，限界便益は正かつ逓減的であることを確認しなさい．

(2) 消費者余剰最大化問題を作成しなさい．

(3) 上記の最大化問題を解きなさい．

【解答のヒント】

- 数式モデルを用いて，限界便益と価格が等しくなるときに消費者余剰が最大になることを確認する．初めて学ぶ読者は，巻末の補論，または経済数学の教科書を参照されたい．
- 便益関数をXについて微分すると限界便益が求まる．限界便益関数をさらにXについて微分し，その符号を確認することにより，限界便益がXの増加にともないどのように変化するかを確認できる．
- 消費者の需要量をX，便益関数を$U=U(X)$，価格をPと表すと，消費者余剰は$CS=U(X)-PX$と表せる．
- 消費者の消費者余剰最大化問題は次のように表現される．

$$\max_{X} CS = U(X) - PX$$

- 「max」は右に来る関数を最大化することを意味する．「max」の下に示されるXは消費者が選択できる変数を示している．以上をまとめると「消費者は消費者余剰を最大にするように需要量Xを選択する」ことを，上の消費者余剰最大化問題は意味している．
- 消費者余剰の最大値は，消費者余剰関数（CS）をXについて微分し，それをゼロと置くことにより求まる．

$$\frac{dCS}{dX} = U'(X) - P = 0$$

- ここで，$U'(X)$は追加的な財の消費による便益の変化，すなわち限界便益を示している．
- 以上から，$U'(X)=P$を得る．この関係式を**消費の最適化条件**と呼ぶ．

1.3 供給

(i) 供給曲線

例題 1.7 図 1.5(A)には,企業Aと企業Bの供給曲線が描かれている.仮に市場にはこの2社の企業しか存在しないとすれば,市場供給曲線(S)はどのような形状になるか,図 1.5(B)に描きなさい.

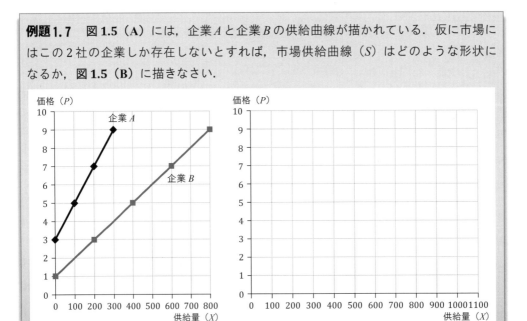

図 1.5(A) 企業の個別供給曲線　　　図 1.5(B) 市場供給曲線

【解答のヒント】

- 生産者の行動(Outline の**図 1.1** の右部分)を分析することにより,財の価格と生産量(供給量)の関係を知ることができる.
- 価格と供給量の関係を示す曲線を**供給曲線**と呼ぶ.
- 市場供給曲線は価格を固定して個別供給曲線を水平方向に合計することにより求まる.
- 価格が1より高く,3以下のときは,企業Bしかこの財を生産しない.このとき,市場供給曲線は企業Bの個別供給曲線に一致する.価格が3より高くなると,企業Aも生産を開始するため,市場供給曲線は企業Aと企業Bの個別供給曲線を足し合わせたものになる.以上から,市場供給曲線は価格3を境に屈折した形状になる.
- 一般に,価格が上昇すると供給量が増える傾向にあるため,供給曲線は右上がりになる.これを**供給の法則**と呼ぶ.

(ii) 生産者余剰

例題 1.8 表 1.2 は，ある企業がこの財を生産する際の費用や限界費用などの大きさが供給量に応じて示されている．また，この財の価格は 1 単位 150 で取引されているとしよう．

(1) 表 1.2 の (A) から (F) の空欄に適切な数値を埋め，表 1.2 を完成しなさい．

表 1.2　企業の供給と費用

供給量	費用	限界費用	価格	価格−限界費用
0	0			
		25	150	125
1	25			
		(A) [　]	150	(D) [　]
2	100			
		(B) [　]	150	(E) [　]
3	250			
		(C) [　]	150	(F) [　]
4	500			
		375	150	−225
5	875			

(2) 空欄に等号または不等号を入れなさい．

　企業は財の生産を追加的に 1 単位増加させたとき，価格 [　]^A 限界費用の関係であれば，生産を増加することにより生産者余剰を増やすことができ，価格 [　]^B 限界費用の関係であれば，生産を増加しても生産者余剰の大きさは変わらない．それに対し，価格 [　]^C 限界費用の関係であれば，生産を増加すると生産者余剰が減少する．

(3) 財の価格が 150 のとき，生産者余剰を最大にする供給量は何単位になるか答えなさい．

[　] 単位

(4) 財の価格が 250 に上昇するとしよう．このとき，生産者余剰を最大にする供給量は何単位になるか答えなさい．

[　] 単位

【解答のヒント】
- 図 1.5 (A) において，財の価格が 5 のとき，企業 A は 100 単位の財を生産している．これを説明する理論を考えてみよう．
- 完全競争市場では，生産者は与えられた価格の下で，**生産者余剰**（Producer Surplus, *PS*）を最大にするように財の供給量を選択すると考える．

- 生産者余剰は収入（価格×供給量）から費用を差し引いた金額と定義される．
- 追加的な財の生産により費用は増加すると仮定する．追加的な財の生産による費用の変化は**限界費用**と呼ばれる．
- 生産者余剰が最大になる供給量を探すために，企業は供給量を追加的に増やしたときの収入の増加（限界収入）と費用の増加（限界費用）を比較し，生産者余剰の増減を検討する．
- 価格受容者である企業の限界収入は価格に等しい．
- 生産者余剰を最大にする供給量において，価格と限界費用は一致している．

例題 1.9

（1）表 1.2（例題 1.8）の供給量と限界費用の関係に沿って図 1.6 の限界費用曲線を完成しなさい．

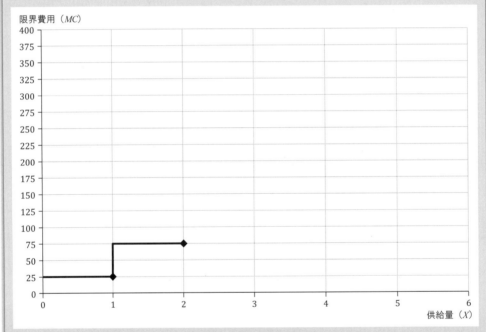

図 1.6　限界費用曲線

（2）以下は限界費用曲線と供給曲線の関係について述べたものである．空欄に適切な言葉を入れなさい．

　企業は価格が与えられるとそれが〔　　　A　　　〕と等しくなるように供給量を決定する．このことは，限界費用曲線が〔　　　B　　　〕そのものであることを意味する．

【解答のヒント】
- 限界費用曲線は限界費用が生産量とともに増加するため右上がりの曲線になる．
- 生産者余剰を最大にする最適な生産量は価格と限界費用が等しくなる点により求まる．したがって，価格が150の場合，最適生産量は3単位になり，価格が250の場合は4単位になる．

例題1.10 財の価格が150であり，企業は生産者余剰を最大にするように財を3単位生産するとしよう．このときの生産者余剰の大きさを図1.7に示しなさい．

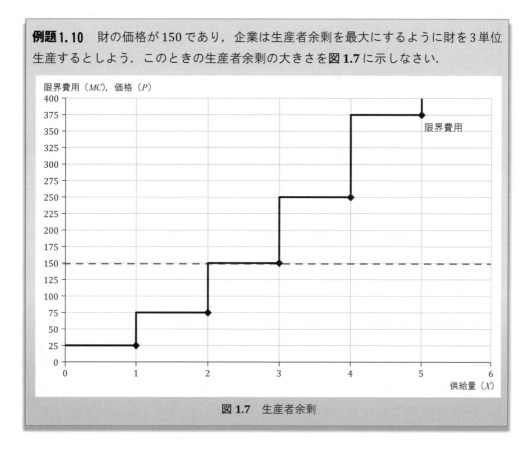

図1.7 生産者余剰

【解答のヒント】
- 供給量が0のとき，生産者余剰は0になる．
- 1単位目の生産から生産者は追加的に25の費用が発生するが，一方で，150の追加的な収入を得る．その結果，125だけ生産者余剰が増加する．
- 2単位目の生産から生産者は追加的に75の費用が発生するが，一方で，150の追加的な収入を得る．その結果，75だけ生産者余剰が増加する．
- 3単位目の生産から生産者は追加的に150の費用が発生するが，実際にも150受け取る．したがって，3単位目の生産よって生産者余剰の追加的な変化はない．

例題1.11 財の価格が16で与えられ，費用関数（C）が次のように表せるとしよう．
$$C=X^2$$

（1） 生産者余剰最大化問題を作成しなさい．

（2） 上記の最大化問題を解きなさい．

【解答のヒント】
- 数式モデルを用いて，限界費用と価格が等しくなるときに生産者余剰が最大になることを確認してみよう．
- 企業の供給量を X，費用関数を $C=C(X)$，価格を P と表すと，生産者余剰は $PS=PX-C(X)$ と表せる．
- 企業の生産者余剰最大化問題は次のように表現される．

$$\max_X PS = PX - C(X)$$

- 「企業は生産者余剰を最大にするように供給量 X を選択する」ことを，上の生産者余剰最大化問題は意味している．
- 生産者余剰の最大値は，生産者余剰関数（PS）を X について微分し，それをゼロと置くことにより求まる．

$$\frac{dPS}{dX} = P - C'(X) = 0$$

- ここで，$C'(X)$ は追加的な財の生産による費用の変化，すなわち限界費用を示している．
- 以上から，$C'(X)=P$ を得る．この関係式を**生産の最適化条件**と呼ぶ．

1.4 市場均衡

例題1.12 以下の問題を解答しなさい.

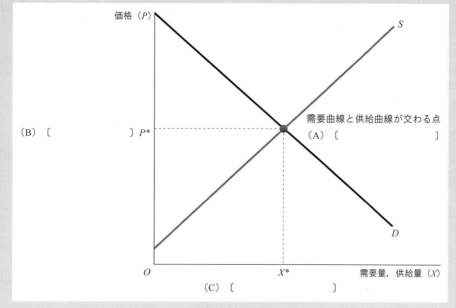

図1.8 市場均衡

(1) 図1.8の（A）から（C）に適切な言葉を入れなさい.

(2) 以下は図1.8に関する説明である．空欄に適切な言葉を入れなさい.

市場価格がP^*より高いとき，供給量が需要量を上回る．これを超過 ⬚A と呼ぶ．市場価格がP^*より低いとき，需要量が供給量を上回る．これを超過 ⬚B と呼ぶ．

【解答のヒント】
- 需要と供給の釣り合いのとれた状況を**市場均衡**という.
- 供給量が需要量を上回っている状態を**超過供給**と呼ぶ．需要量が供給量を上回っている状態を**超過需要**と呼ぶ.
- （2）の（A）のときに市場価格が下落し，（B）のときに市場価格が上昇するならば，市場価格はやがて均衡価格に落ち着く．このような価格の調整過程を**ワルラス的調整過程**と呼ぶ.

例題 1.13 ある財の市場需要曲線（D）および市場供給曲線（S）が次のようにこの財の価格（P）に依存しているとしよう．

$$D = 50 - 5P$$
$$S = -4 + P$$

(1) この財市場の均衡価格（P^*）と均衡取引量（D^* または S^*）を計算しなさい．

(2) 縦軸に価格，横軸に取引量をとり，需要曲線と供給曲線を図 1.9 に描きなさい．

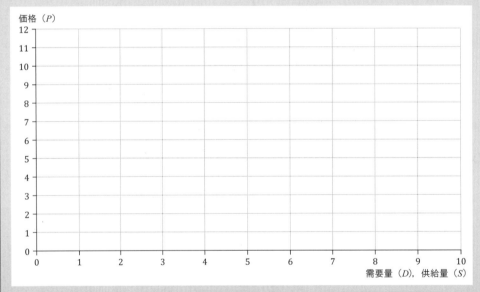

図 1.9 需要と供給

(3) 均衡における消費者余剰と生産者余剰を計算しなさい．

【解答のヒント】
- 市場均衡においては$D=S$．これにより，均衡価格P^*が求まる．
- 均衡価格P^*を，市場需要曲線または市場供給曲線に代入することにより，均衡取引量（D^*またはS^*）を求めることができる．
- 経済学では縦軸に**独立変数**である価格，横軸に**従属変数**である取引量をとるため，市場需要曲線，市場供給曲線を価格について解くと，市場需要曲線，市場供給曲線を図に描きやすくなる．

1.5 完全競争市場の効率性

例題1.14 図**1.10**は完全競争市場を示している．均衡取引量X^*における，便益，費用，社会的余剰を表**1.3**に示しなさい．また，取引量がX^*よりも少ない場合（X_1）と，X^*よりも多い場合（X_2）についても，同様に，便益，費用，社会的余剰を表**1.3**に示しなさい．なお解答の際は，面積A，B，Cなどを利用しなさい．

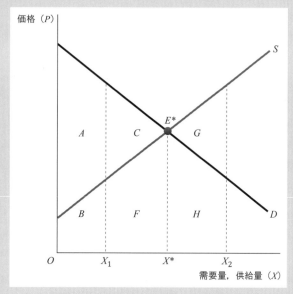

図1.10 完全競争市場と社会的余剰

表1.3 社会的余剰の比較

X	便益	費用	社会的余剰
X^*	(A) [　　]	(B) [　　]	(C) [　　]
X_1	(D) [　　]	(E) [　　]	(F) [　　]
X_2	(G) [　　]	(H) [　　]	(I) [　　]

【解答のヒント】

- ミクロ経済学は希少な資源が効率的に配分されているかどうかを研究する学問である．
- 市場の資源配分が効率的かどうかという問題を，**効率性**の問題という．
- 部分均衡分析では，効率性を社会的余剰の大きさで測る．社会的余剰が大きければ大きいほど市場の効率性は高まる．社会的余剰が最も大きくなる状態を**効率的**と呼ぶ．
- 社会的余剰（Social Welfare，SW）は次式で定義される．

$$社会的余剰（SW）＝消費者余剰（CS）＋生産者余剰（PS）$$
$$＝便益（U）－費用（C）$$

- 便益は取引量までの需要曲線（限界便益曲線）の下の面積になる．
- 費用は取引量までの供給曲線（限界費用曲線）の下の面積になる．
- 社会的余剰は取引量までの需要曲線（限界便益曲線）と供給曲線（限界費用曲線）で囲まれた面積になる．
- 完全競争市場における均衡取引量は社会的余剰を最大にするため，完全競争市場は効率的になる．
- 完全競争市場の均衡取引量X^*において社会的余剰が最大になることを，取引量が均衡取引量よりも少ない場合（X_1），および取引量が均衡取引量よりも多い場合（X_2）とを比較することで確認する問題．
- 需要曲線が限界便益曲線に一致し，供給曲線が限界費用曲線に一致することに注意すると，均衡点E^*において，限界便益と限界費用は一致する．
- X_1において，限界便益は限界費用より大きい．このことは，取引量を追加的に増やすと，社会的余剰が追加的に増加することを意味する．したがって，取引量を増やすことで社会的余剰を拡大できる．
- 一方，X_2において，限界便益は限界費用より小さい．このことは，取引を追加的に増やすと，社会的余剰が追加的に減少することを意味する．この場合，取引量を減らすことで社会的余剰を拡大できる．

練習問題

1.1 ある財市場は完全競争市場であり，この財の需要（D）と供給（S）がこの財の価格（P）の関数として次のように与えられているとしよう．

$$D = 80 - \frac{1}{2}P$$

$$S = \frac{1}{2}P$$

① 完全競争市場では，消費者と生産者は価格受容者として行動する．価格受容者として行動するための2つの条件を答えなさい．

② 均衡価格，均衡取引量を計算しなさい．

③ 均衡における社会的余剰を計算しなさい．

④ 取引量が均衡取引量よりも少ない20の場合，社会的余剰は③で求めた社会的余剰よりいくら減少するか計算しなさい．

⑤ 取引量が均衡取引量よりも多い50の場合，社会的余剰は③で求めた社会的余剰よりいくら減少するか計算しなさい．

第2章
市場介入

Outline

第2章では，図2.1のように，公共部門の代表である政府が規制や課税によって完全競争市場に対して介入する場合を考える．

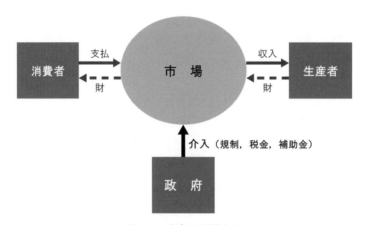

図 2.1 政府の市場介入

市場経済を原則としつつ，政府が資源配分を修正する経済の仕組みを**混合経済**と呼ぶ．

第1章でみたように，完全競争市場における均衡取引量は社会的余剰を最大にする．したがって，政府介入によって，社会的余剰はこれ以上大きくはならず，むしろ小さくなる．

市場取引により社会的余剰が最大になっていないとき，市場は非効率になる．この市場取引の非効率性は**死荷重**，**死重的損失**（Deadweight loss，*DWL*），**超過負担**などと呼ばれる．

死荷重は完全競争市場に対する政府介入によっても生じる．

2.1 政府の市場介入と死荷重

例題 2.1 空欄に適切な言葉を入れなさい．

完全競争市場に対して政府が介入し，社会的余剰が減少したとしよう．このような社会的余剰の損失を_____と呼ぶ．

2.2 価格規制

例題 2.2 図 2.2 で示されている完全競争市場において価格を P_C より上げてはいけないという規制が課せられるとしよう．

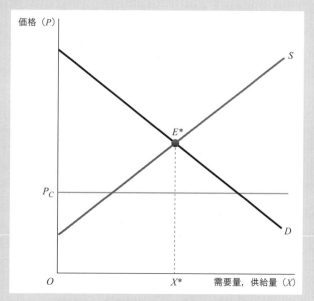

図 2.2 完全競争市場と価格の上限規制

（1）以下は図 2.2 に関する説明である．空欄に適切な言葉を入れなさい．

この価格規制の下では_____A 需要が発生するが，価格の調整メカニズムが働かないため，_____A 需要は時間が経過しても解消されない．

（2）この価格規制において達成される最大の消費者余剰の面積を図 2.2 に示しなさい．合わせて，生産者余剰およびこの規制による死荷重を図 2.2 に示しなさい． 続く ➡

(3) 空欄に適切な言葉を入れ，効率性の観点からこの価格規制を評価しなさい．

　　　　　　　　^{A}が発生するため，効率性の観点から望ま　　　　　　　　^{B}．

【解答のヒント】

- 政府は消費者に財がより多く行き渡るように，均衡価格より価格を低く規制することがある（**価格規制**）．
- 生産者は価格と供給曲線（限界費用曲線）が交わる点において生産者余剰が最大になる．したがって，**図2.2**のように価格の上限規制が課せられると，供給量は均衡取引量（X^*）より少なくなる．
- 一方，消費者は価格と需要曲線（限界便益曲線）が交わる点において消費者余剰が最大になる．したがって，**図2.2**のように価格の上限規制が課せられると，家計は均衡取引量より多く財を消費しようとする．しかし，市場取引量は，供給量と需要量の少ないほうに落ち着いてしまう．すなわちすべての需要は満たされない．
- 消費者余剰の大きさを確定するためには，財を消費する家計とその需要量を確定する必要がある．消費者余剰をできるだけ大きくするためには，限界便益の高い消費者に財を配分することになる．
- (3)のように，効率性の観点から政策を評価する場合は，その政策によって，社会的余剰がどのように変化するか，死荷重が小さくなるか，大きくなるかなどを検討する．
- 死荷重が小さくなったり，社会的余剰が拡大したりする場合は，効率性の観点から望ましいと考えられる．逆に，死荷重が大きくなったり，社会的余剰が縮小したりする場合は，効率性の観点から望ましくないと考えられる．

例題 2.3 図 2.3 で示されている完全競争市場において価格を P_F より下げてはいけないという規制が課せられるとしよう．

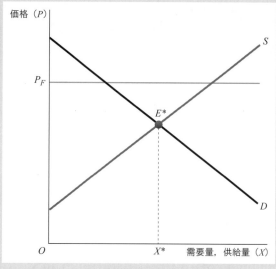

図 2.3 完全競争市場と価格の下限規制

（1）以下は図 2.3 に関する説明である．空欄に適切な言葉を入れなさい．

　この価格規制の下では ＿＿＿ᴬ 供給が発生するが，価格の調整メカニズムが働かないため，＿＿＿ᴬ 供給は時間が経過しても解消されない．

（2）この価格規制において達成される最大の生産者余剰の面積を図 2.3 に示しなさい．合わせて，消費者余剰およびこの規制による死荷重を図 2.3 に示しなさい．

（3）効率性の観点からこの価格規制を評価しなさい．

【解答のヒント】
- 政府は企業がより多く財を供給できるように，均衡価格より価格を高く規制することがある．
- 図 2.3 のように価格の下限規制が課せられると，需要量は均衡取引量（X^*）より少なくなる．
- 一方，企業は均衡取引量より多く財を生産しようとする．しかし，市場取引量は，需要量と供給量の少ないほうに落ち着いてしまう．すなわちすべての供給は満たされない．
- 生産者余剰の大きさを確定するためには，財を生産する企業とその供給量を確定する必要がある．生産者余剰をできるだけ大きくするためには，限界費用の低い企業に財を供給する権利を与える必要がある．

2.3 数量規制

例題2.4 図2.4に示されている完全競争市場において取引量をX_Rより増やしてはいけないという規制が課せられるとしよう．

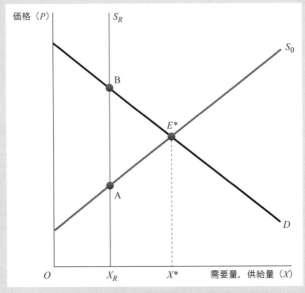

図2.4 完全競争市場と数量規制

（1）この数量規制において達成される消費者余剰，生産者余剰，死荷重を**図2.4**に示しなさい．

（2）効率性の観点からこの数量規制を評価しなさい．

【解答のヒント】
- 完全競争市場で達成される均衡取引量が，政府が考えているよりも多い場合，政府はその取引量を制限できる（**数量規制**）．
- 供給量は価格が低いうちはS_0に沿って増加していく．しかし，供給量はどんなに価格が高くてもX_Rを超えることができない．このため，点Aを境に供給量はS_Rに沿うことになる．
- 数量規制の下での均衡点は，需要曲線Dと供給曲線S_Rの交点Bになる．
- 均衡価格が上昇し，需要量は規制された供給量に一致する．

2.4 課税

例題 2.5 図 2.5 で示されている完全競争市場において企業に対して供給量1単位につき T の大きさの税が課される（税のくさびが打ち込まれる）としよう．

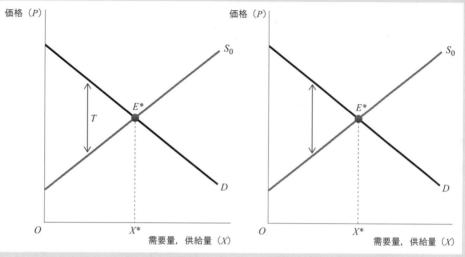

図 2.5 (A) 完全競争市場と課税　　図 2.5 (B) 課税の余剰分析

(1) 図 2.5 (A) に課税後の新しい供給曲線 S_T，課税後の新しい取引量 X_T，消費者の支払い価格（税込み価格）P_B，企業の受取り価格（税抜き価格）P_F を示しなさい．さらに，消費者への税の帰着部分，企業への税の帰着部分を縦軸に示しなさい．

(2) 図 2.5 (B) に課税後の消費者余剰，生産者余剰，税収，死荷重を示しなさい．

(3) 効率性の観点からこの課税政策を評価しなさい．

【解答のヒント】
- 政府は，公共支出の費用をまかなうことなどを目的に，経済主体に対して**課税**することがある．
- ミクロ経済学では最終的に税を負担する経済主体が誰かを考えることが重要になる．ここでは，税の**帰着**（税の負担）を，課税前の価格を基準として，課税により消費者の支払い価格がどれだけ上昇し，企業の受取り価格がどれだけ低下するかを考える．納税主体は企業であるが，消費者が価格上昇により税の一部を負担する．このとき，税は**転嫁**されたという．
- 税収は T と課税後の取引量 X_T との積になる（$T \times X_T$）．

- 政府が受け取る税収は最終的には誰かのために使用されるため社会的余剰の一部に含まれる．一方，補助金がある場合は，誰かが補助金をまかなう必要があるため社会的余剰の一部から差し引く．したがって，税収から補助金を差し引いた政府収入を考慮すると社会的余剰の計算方法は次のように変わる．

$$社会的余剰 = 消費者余剰 + 生産者余剰 + 政府収入$$

2.5 自由貿易の利益と関税

例題 2.6 図 2.6 で示されている完全競争市場において，自由貿易が認められ，国内価格より低い世界価格 P_W で財が調達できるようになるとしよう．

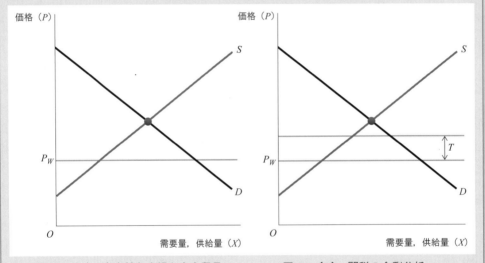

図 2.6（A）完全競争市場と自由貿易　　図 2.6（B）関税の余剰分析

（1）自由貿易開始後の国内需要量 X_D，国内供給量 X_S，輸入量を図 2.6（A）に示しなさい．さらに，消費者余剰と生産者余剰を図 2.6（A）に示しなさい．

（2）効率性の観点から自由貿易が望ましいかどうか答えなさい．

続く ➡

(3) 政府が図2.6（B）のように輸入量1単位あたりTの関税を課すとしよう．このときの国内需要量x_d，国内供給量x_s，輸入量を図2.6（B）に示しなさい．さらに，関税後の消費者余剰，生産者余剰，税収，過大生産による死荷重（OS），過小消費による死荷重（UC）を図2.6（B）に示しなさい．

(4) 効率性の観点から関税が望ましいかどうか答えなさい．

【解答のヒント】

- ある財の取引に関して**自由貿易**が開始されると，国内市場で決定される国内価格は世界価格に等しくなる．
- 消費者と生産者は，世界価格を所与として，消費者余剰と生産者余剰を最大にするようにそれぞれ需要量と供給量を決定する．
- 貿易開始前の国内価格に比べて，与えられた世界価格が低い．したがって，世界価格の下では，国内需要量が増加するが，国内供給量は減少する．この価格では超過需要が発生するが，消費者が海外からこの財を輸入し，購入すれば，この超過需要は解消される．すなわち，この国はこの財の輸入国になる．
- 海外で生産された財が国内で販売されるときに課される税金を**関税**と呼ぶ．
- 関税により，政府は関税収入を見込める．関税収入は社会的余剰の一部に含まれる．
- 関税により，財の価格は自由貿易に比べ上昇する．したがって，自由貿易に比べ，国内企業の供給量は拡大する．これを**過大生産**と呼ぶ．
- 関税により，自由貿易に比べ，消費者の需要量は縮小する．これを**過小消費**と呼ぶ．

練習問題

2.1 右下がりの需要曲線（D）と右上がりの供給曲線（S）で表され，ある1点で均衡する財市場を考えよう．また，この財市場は完全競争市場であるとする．

① この財に対し，均衡価格P^*よりも価格を低く保つ規制が課せられたとする．この規制価格をP_Cとした上で，この価格規制の下での生産者余剰および最大の消費者余剰を示しなさい．

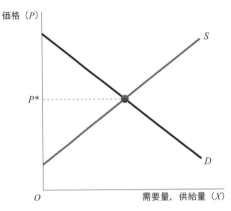

② 効率性の観点から価格規制が望ましいかどうか答えなさい．

2.2 右下がりの需要曲線（D）と右上がりの供給曲線（S）で表され，ある1点で均衡する財市場を考えよう．また，この財市場は完全競争市場であるとする．

① 政府が財の取引1単位につきTの大きさの税金を課したとしよう．税の大きさTを適当に描いた上で，課税後の消費者余剰，生産者余剰，税収を示しなさい．

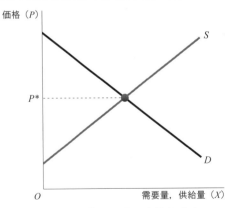

② 税収は社会的余剰の一部として計上するか否かを答えなさい．

③ 効率性の観点から課税が望ましいかどうか答えなさい．

2.3 右下がりの需要曲線（D）と右上がりの供給曲線（S）で表され，ある1点で均衡する財市場を考えよう．また，この財市場は完全競争市場であるとする．

① 自由貿易の結果，財の取引は均衡価格 P^* よりも低い世界価格 P_W の下で行われるとしよう．自由貿易開始後の消費者余剰と生産者余剰を示しなさい．

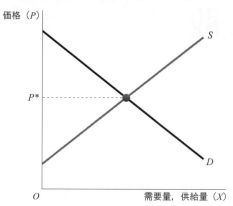

② 効率性の観点から自由貿易が望ましいかどうか答えなさい．

③ 自由貿易開始後に，自由貿易開始前の状態に近づけるために，この財に関して財1単位あたり T の大きさの関税を課したとしよう．関税後の消費者余剰，生産者余剰，税収を示しなさい．

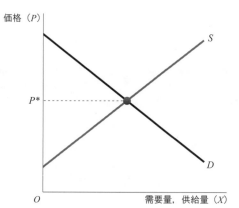

④ 効率性の観点から関税が望ましいかどうか答えなさい．

第3章
市場の失敗

Outline

　第2章では，完全競争市場に対する公的部門（政府）の介入が効率性を悪化させる（死荷重を生む）ことを学んだ．

　しかし，市場取引に任せていると，資源配分が非効率になる場合もある．これを**市場の失敗**と呼ぶ．

　市場の失敗は，図3.1のように，消費者と生産者の取引が，市場を経由せずに，他の経済主体の厚生に影響を及ぼすために生じる．

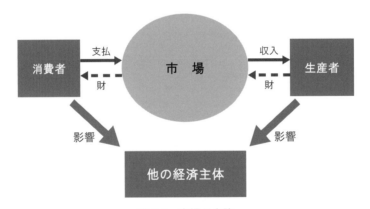

図3.1　市場の失敗

　市場の失敗が起きる財として，**公共財**や**外部性**を発する財があげられる．

　市場の失敗が起きる財に対しては政府が市場に介入することにより，社会的余剰を拡大できるときがある．

3.1 市場の失敗

例題3.1 空欄に適切な言葉を入れなさい.

　　　　　　　　　とは，市場経済の下で効率的な資源配分が実現できていない状態をいう．

3.2 外部性

(i) 負の外部性

例題3.2 企業が供給量を1単位増やす毎に N の大きさの負の外部性が発生しているとしよう．

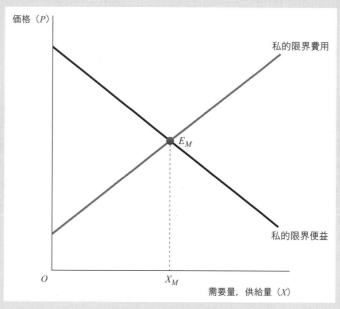

図 3.2　負の外部性

(1) 図3.2に社会的限界費用曲線を描き，限界外部費用の大きさ N を示しなさい．

(2) 社会的限界費用曲線と私的限界便益曲線の交点である最適点 E^* と最適点における取引量 X^* を図3.2に示しなさい．

(3) 均衡点 E_M における社会的余剰は図3.2のどの部分の面積の差という形で表されるか，図3.2に示しなさい．

続く ➡

(4) 効率性の観点から負の外部性の放置を評価しなさい．

【解答のヒント】

- （技術的）**外部性**とは，ある経済主体の行動（消費行動，生産行動）が，市場を経由せずに，他の経済主体の厚生に影響を及ぼすことである．
- 他の経済主体の厚生を高める場合を**正の外部性**（**外部経済**），厚生を低める場合を**負の外部性**（**外部不経済**）と呼ぶ．
- 生産活動に関して，負の外部性が存在すると，財を生産する度に他の経済主体に追加的な迷惑費用を負担させることになる．しかし，この追加的費用は企業が負担する限界費用（私的限界費用）には含まれない．
- 供給量を1単位増やすときに，市場外部に発生する損失額を**限界外部費用**（または外部限界費用）と呼ぶ．上述のように，限界外部費用は市場内部では処理されない．
- 私的限界費用と限界外部費用を足し合わせた費用を**社会的限界費用**と呼ぶ．

$$社会的限界費用＝私的限界費用＋限界外部費用$$

- 第2章までのように，生産活動に関して負の外部性が存在しないとき，限界外部費用はゼロになる．このとき，社会的限界費用と私的限界費用は一致する．しかし，この問題で考えているような負の外部性が存在すると，社会的限界費用は私的限界費用よりも限界外部費用（N）の大きさだけ大きくなる．
- 均衡は需要曲線（私的限界便益曲線）と供給曲線（私的限界費用曲線）の交点で決定する．このとき，均衡価格には限界外部費用の影響が反映されていない．
- 負の外部性を考慮すると，社会的余剰は次のように表せる．

$$社会的余剰＝社会的便益－社会的費用$$

または

$$社会的余剰＝消費者余剰＋生産者余剰－外部費用$$

ここで，外部費用とは，取引量までの限界外部費用の総和である．

- 需要と供給の図に示す場合，社会的余剰は取引量までの社会的限界便益曲線と社会的限界費用曲線で囲まれた面積になる．ただし，この問題の場合，社会的限界便益曲線は私的限界便益曲線と一致することに注意すること．
- 例題3.2では社会的余剰の面積がマイナスになる箇所が現れる．
- 均衡点E_Mは社会的余剰を最大にする最適点E^*と一致しなくなる．

(ii) ピグー税と負の外部性の内部化

例題 3.3 企業が供給量を1単位増やす毎に N の大きさの負の外部性が発生しているとしよう．

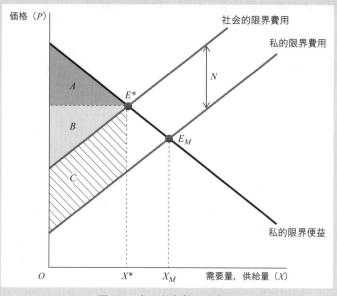

図 3.3 負の外部性の内部化

(1) 最適点 E^* へ移動するために，政府は企業に対してどのように課税すれば良いだろうか．空欄に適切な言葉を入れなさい．

供給量を 〔　　〕^A 増やす毎に 〔　　〕^B の大きさの税を課す．

(2) (1) の課税政策の余剰分析の結果を**表 3.1**に示しなさい．なお，解答の際は，面積 A, B, C を利用しなさい．

表 3.1 負の外部性と余剰分析

	消費者余剰	生産者余剰	外部費用	税収	社会的余剰
余剰	(A)	(B)	(C)	(D)	(E)

続く ➡

(3) 以下は，完全競争市場に対する課税と，負の外部性が存在する市場に対する課税が，効率性に与える違いについて述べたものである．空欄に適切な言葉を入れなさい．

完全競争市場に対する課税は _____A を減少させ，_____B を生むが，負の外部性が存在する市場に対する課税は _____B を減少させ，_____A の増加をもたらす．

(4) 効率性の観点から，負の外部性が存在する市場に対する課税は望ましいかどうか答えなさい．

【解答のヒント】
- 最適点を通るように税を使って私的限界費用曲線を上方にシフトさせる政策を考える．このような税を**ピグー税**という．
- ピグー税により，外部に与える損害を市場の内部に取り入れる．これを**外部性の内部化**という．
- 生産者は財の生産にともなう費用を低く見積もりすぎているため，負の外部性の存在を，ピグー税を使って認識させ，供給量を縮小させる．
- 社会的余剰は次のように求められる．

社会的余剰＝消費者余剰＋生産者余剰－外部費用＋政府収入

(iii) 権利の配分とコースの定理

例題 3.4 ある建物が追加的に高くなるにつれてNの大きさの負の外部性を周辺住民に発しているとしよう．

建物を低くする権利が周辺住民に与えられれば，周辺住民は外部費用をゼロにできる建物の高さOを望むであろう．一方，建物を高くする権利が企業と建物購入者に与えられれば，企業と建物購入者は両者の余剰の合計（面積AE_MO）を最大にできる建物の高さH_Mを望むはずである．

最適な建物の高さはH^*であることに注意して，以下の文章の空欄を埋めなさい．

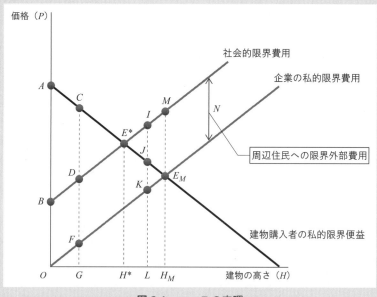

図 3.4 コースの定理

(1) 建物を低くする権利が周辺住民に与えられたときに，企業と建物購入者が建物の高さをGに上げるように周辺住民に交渉したとしよう．建物の高さがGのとき，企業と建物購入者の余剰の合計は面積 ┌──A──┐ になる．一方，周辺住民の外部費用はゼロから面積$BDFO$に拡大する．ここで，企業と建物購入者が外部費用に等しい面積$BDFO$を周辺住民に補償したとしよう．この場合，周辺住民の厚生は建物の高さがOの状態と変わらないため，このような補償を受け入れられるだろう．企業と建物購入者にとっては，補償を支払っても，なお面積 ┌──B──┐ の余剰が残るため，建物の高さがOの場合に比べて，厚生が改善する．

(2) 建物の高さをGから追加的に高くすると，企業と建物購入者は線分 ┌──A──┐ の追加的な余剰を得る．この追加的な余剰は，周辺住民の限界外部費用（線分DF）より大きい．したがって，企業と建物購入者は周辺住民の限界外部費用を補償して，建物の高さをGから追加的に高くしようと交渉する．

続く ➡

このような交渉は，企業と建物購入者の追加的な余剰と限界外部費用が一致するまで続くため，最終的に建物の高さは_____^Bになる．

(3) 建物を高くする権利が企業と建物購入者に与えられたときに，周辺住民が建物の高さをLに下げるように企業と建物購入者に交渉したとしよう．建物の高さがLになると，企業と建物購入者の余剰の合計は面積_____^Aだけ減少する．一方，周辺住民は外部費用を面積BME_MOから面積IME_MKだけ減少できる．ここで，周辺住民が企業と建物購入者の余剰の減少額に等しい面積_____^Aを企業と建物購入者に補償したとしよう．この場合，企業と建物購入者の厚生は建物の高さがH_Mの状態と変わらないため，このような補償を受け入れられるだろう．周辺住民にとっては，補償を支払っても，なお面積_____^Bの損失額を減少できるため，建物の高さがH_Mの場合に比べて，厚生が改善する．

(4) 建物の高さをLから追加的に低くすると，周辺住民は線分_____^Aの限界外部費用を削減できる．この追加的な削減額は，企業と建物購入者の追加的な余剰の減少額（線分JK）より大きい．したがって，周辺住民は企業と建物購入者の追加的な余剰の減少額を補償して，建物の高さをLから追加的に低くしようと交渉する．

このような交渉は，限界外部費用と追加的な余剰の減少額が等しくなるまで続くため，最終的に建物の高さは_____^Bになる．

【解答のヒント】

- この例題では外部性の内部化を政府の介入ではなく，権利の配分と当事者の交渉によって解決する方法を紹介している．
- 建物の高さがOのとき，企業と建物購入者の余剰の合計（消費者余剰と生産者余剰の合計）はゼロになる．一方，建物の高さがH_Mのとき，周辺住民の外部費用は面積BME_MOになる．
- 当初の建物の高さは，権利の与えられ方によって変わる．ただし，建物の高さは当事者間の交渉によって変更できると仮定する．ここで考えられている交渉とは，建物の高さの変更によって利益を得る主体が，損失を被る主体にその損失を補償するという働きかけのことである．
- 権利をどちらに配分しても，当事者の自発的な交渉によって，最適な資源配分が達成されることを**コースの定理**と呼ぶ．

(iv) 正の外部性

例題3.5 消費者が需要量を1単位増やす毎にBの大きさの正の外部性が発生しているとしよう．

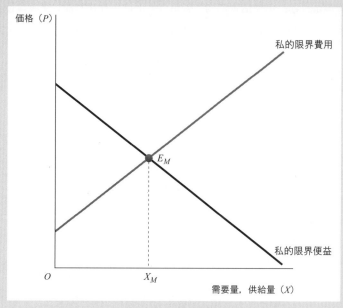

図 3.5　正の外部性

(1) 図3.5に社会的限界便益曲線を描き加え，限界外部便益の大きさBを示しなさい．

(2) 社会的限界便益曲線と私的限界費用曲線の交点である最適点E^*と最適点における取引量X^*を図3.5に示しなさい．

(3) 均衡点E_Mにおける社会的余剰を図3.5に示しなさい．

(4) 効率性の観点から正の外部性の放置を評価しなさい．

【解答のヒント】
- 需要量を1単位増やすときに，市場外部の経済主体が享受する便益を**限界外部便益**（または外部限界便益）と呼ぶ．ただし，消費者は財を消費するときに限界外部便益は考慮しないで行動する．

- 消費者が享受する限界便益を私的限界便益と表現すると，社会的限界便益は次のようになる．

    社会的限界便益＝私的限界便益＋限界外部便益

- 第2章までのように，消費活動に関して正の外部性が存在しないとき，限界外部便益はゼロになる．したがって，社会的限界便益と私的限界便益は一致する．しかし，この問題のように正の外部性が存在すると，社会的限界便益は私的限界便益よりも限界外部便益の大きさだけ大きくなる．
- 正の外部性を考慮すると，社会的余剰は次のように表せる．

    社会的余剰＝社会的便益－社会的費用

    または

    社会的余剰＝消費者余剰＋生産者余剰＋外部便益

    ここで，外部便益とは，取引量までの限界外部便益の総和である．
- 需要と供給の図に示す場合，社会的余剰は取引量までの社会的限界便益曲線と社会的限界費用曲線で囲まれた面積になる．ただし，この問題の場合，社会的限界費用曲線は私的限界費用曲線と一致することに注意すること．
- 均衡点 E_M は社会的余剰を最大にする最適点 E^* と一致しなくなる．

(v) ピグー補助金と正の外部性の内部化

例題 3.6 消費者が需要量を 1 単位増やす毎に B の大きさの正の外部性が発生しているとしよう．

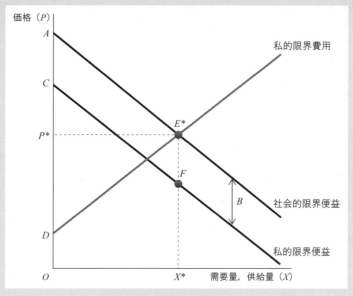

図 3.6　正の外部性の内部化

(1) 最適点 E^* を実現するためには，政府は消費者に対してどのように補助金を支給すれば良いだろうか．空欄に適切な言葉を入れなさい．

　需要量を 〔　Ａ　〕 増やす毎に 〔Ｂ〕 の大きさの補助金を支給する．

(2) (1) の補助金政策の余剰分析の結果を**表 3.2** に示しなさい．なお，解答の際は，余剰を表す面積を，アルファベットを用いて示しなさい．

表 3.2　正の外部性と余剰分析

	消費者余剰	生産者余剰	外部便益	補助金	社会的余剰
余剰	(A)	(B)	(C)	(D)	(E)

(3) 効率性の観点から，正の外部性が存在する市場に対する補助金政策を評価しなさい．

【解答のヒント】

- 最適点を通るように補助金を使って私的限界便益曲線を上方にシフトさせる政策を考える．このような補助金を**ピグー（型）補助金**という．
- ピグー補助金により，外部に与える便益を市場の内部に取り入れることができる（外部性の内部化）．
- 消費者は財の消費から得られる便益を低く見積もりすぎているため，正の外部性の存在を，ピグー補助金を使って認識させ，消費量を拡大させる．

3.3 公共財

(i) 公共財の性質

例題 3.7 空欄に適切な言葉を入れなさい．

公共財とは _____A_____ と _____B_____ を備えた財をいう．

【解答のヒント】

- これまで扱ってきた財は私的財と呼ばれ，次の2つの性質を持ち合わせる．
- 第1に，私的財に対して対価（料金）を支払わない人はその財を消費できないという性質である．この性質を**排除性**と呼ぶ．
- 第2に，ある経済主体が私的財を消費すると，他の経済主体の消費量が減少するという性質である．この性質を**競合性**と呼ぶ．
- それに対して，公共財と呼ばれる財は，次の2つの性質を持ち合わせる．
- 第1に，公共財に対して対価（料金）を支払わない人の消費を排除できないという性質である．（A）はこの性質を漢字4文字で解答する問題である．
- 第2に，ある経済主体が公共財を消費しても，他の経済主体の消費量が減らないという性質である．（B）はこの性質を漢字4文字で解答する問題である．

(ii) 公共財の需要曲線

例題 3.8 図 3.7（A）には，消費者 A の公共財に対する私的限界便益曲線（需要曲線，MB_A）と消費者 B のそれ（MB_B）が描かれている．仮に市場にはこの 2 人の消費者しか存在しないとすれば，社会的限界便益曲線はどのような形状になるか，図 3.7（B）に描きなさい．

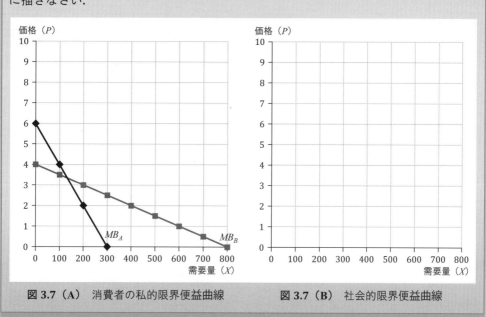

図 3.7（A） 消費者の私的限界便益曲線　　　図 3.7（B） 社会的限界便益曲線

【解答のヒント】
- 公共財は非競合性という性質から，ある人が公共財を消費すると，他の人も同時に同じ量の公共財を消費できる．
- 公共財が追加的に 1 単位増加したときに，各消費者が得られる追加的な便益をこれまで同様に（私的）限界便益と呼ぶ．
- すべての消費者が追加された公共財の便益を享受できるため，社会的限界便益は，すべての消費者の限界便益を足し合わせた値と定義される．
- 社会的限界便益曲線は公共財の量を固定して個別の私的限界便益曲線を垂直方向に合計することにより求まる．
- 例えば，公共財が 200 単位供給されると，消費者 A の限界便益は 2，消費者 B の限界便益は 3 になる．したがって，両者の限界便益を足し合わせることにより求まる社会的限界便益は 5 になる．

(iii) 公共財の最適供給

例題 3.9 図 3.8（A）には，消費者 A と消費者 B の公共財に対する私的限界便益曲線（MB_A と MB_B）が描かれている．

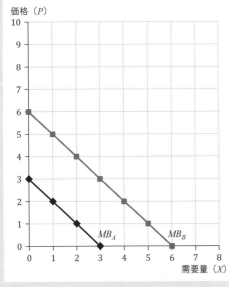

図 3.8（A） 消費者の私的限界便益曲線

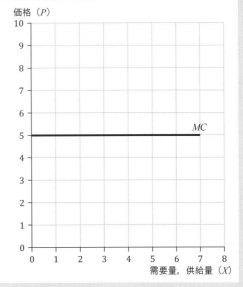

図 3.8（B） 公共財の最適供給

(1) 仮に市場にはこの 2 人の消費者しか存在しないとすれば，社会的限界便益曲線（SMB）はどのような形状になるか，図 3.8（B）に描きなさい．

(2) 図 3.8（B）に最適点 E^* を示しなさい．

(3) 図 3.8（B）から，社会的余剰を最大にする公共財の最適な供給量は何単位になるか答えなさい．

☐ 単位

【解答のヒント】

- 社会的余剰は次のように計算される．

$$社会的余剰 = 社会的便益 - 費用$$

- 社会的余剰は取引量までの社会的限界便益曲線と社会的限界費用曲線に囲まれた面積になる．ただし，この問題の場合，限界費用曲線を示す MC が社会的限界費用曲線に一致することに注意すること．
- 公共財の効率的な供給量は，次の**サミュエルソン条件**（サミュエルソン・ルール）を満たす．

社会的限界便益＝限界費用

- 社会的限界便益（SMB）は各消費者の限界便益の和になる（$MB_A+MB_B=SMB$）．

（iv）公共財の過小供給とフリー・ライダー問題

例題3.10 図3.9（A）には，消費者Aと消費者Bの公共財に対する私的限界便益曲線（MB_AとMB_B）が，図3.9（B）には図3.9（A）を反映した社会的限界便益曲線（SMB）が描かれている．ここで，企業は消費者に対して，限界費用に等しい単一の価格（5）を設定するとしよう．

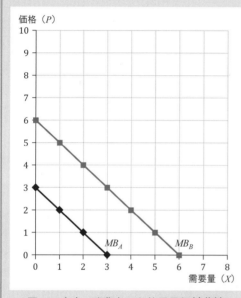 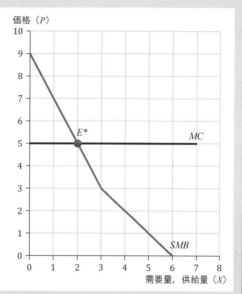

図3.9（A） 消費者の私的限界便益曲線 　図3.9（B） 公共財の私的供給（単一価格）

（1） 単一価格の下で消費者Aと消費者Bが消費者余剰を最大にしようと行動するとき，それぞれが購入する公共財の量を**表3.3**に示しなさい．

表3.3

	消費者A	消費者B
公共財の購入量（単位）	(A)	(B)

（2） 公共財の取引量は何単位になるか答えなさい．

　　　　　　　　　　　　　　　　　　　　　　　　　　　　　　　□単位

（3） 図3.9（B）に死荷重にあたる面積を塗りつぶしなさい．

続く➡

(4) (2) に示される量の公共財が供給されると，消費者 A の消費者余剰はいくらになるか計算しなさい．

(5) 消費者 A のような行動を取る人はどのように呼ばれるか答えなさい．

【解答のヒント】
- 各消費者は，限界便益と価格が等しくなるまで公共財を購入する．ただし，どのような公共財の消費量に対しても限界便益が価格より低ければ，公共財を購入しようとしない．
- 公共財は，他の経済主体が公共財を取引すると，ある経済主体は，対価を支払わず（**非排除性**），他の経済主体と等量の公共財の便益を享受できる（**非競合性**）．
- (5) は，対価を支払わず公共財の便益を享受しようとする人のことを指す専門用語になる．

例題 3.11 図 3.10（A）には，消費者 A と消費者 B の公共財に対する私的限界便益曲線（MB_A と MB_B）が，図 3.10（B）には図 3.10（A）を反映した社会的限界便益曲線（SMB）が描かれている．企業が消費者の選好を聞き出し，各消費者に別々の価格を設定するとしよう．

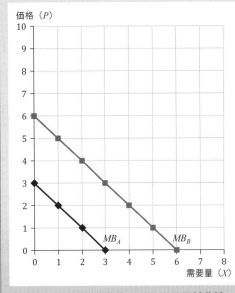
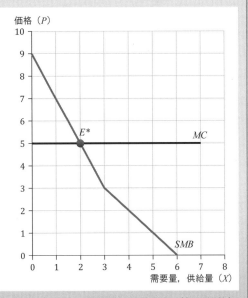

図 3.10（A） 消費者の私的限界便益曲線　　図 3.10（B） 公共財の私的供給（個別価格）

続く ➡

(1) 最適な公共財の供給（2単位）が実現するには，消費者の公共財1単位当たりの負担（個別価格）をどのように設定すればよいか**表3.4**に示しなさい．

表 3.4

	消費者 A	消費者 B
個別価格	(A)	(B)

(2) 公共財に対する選好が消費者にしかわからないとき，消費者Aが正直に選好を申告する誘因はあるか答えなさい．

【解答のヒント】
- （1）は受益者負担原則にのっとった単位あたりの費用負担（価格）を考える．
- （1）では，公共財の供給費用を消費者間でちょうどまかなうことになる．
- 消費者Aが正直に選好を申告すると，個別価格は（1）の解答通りになる．
- 消費者Aが（1）の個別価格を支払い2単位の公共財を消費したときの消費者余剰と，正直な申告をせず，例えば，例題3.10のように消費者Bの購入する1単位の公共財に**ただ乗り**（フリー・ライド）したときの消費者余剰を比較し，どちらか大きいか検討する．

練習問題

3.1 右下がりの需要曲線（D）と右上がりの供給曲線（PMC）で表される財の市場を考えよう．ただし，生産量1単位毎に負の外部性が N（$N>0$）だけ発生するものとする．

① 負の外部性の定義を答えなさい．

② D, PMC の各曲線を図に描き，均衡点 E_M を示しなさい．同じ図に，社会的限界費用曲線（SMC）を描き，最適点 E^* を示しなさい．

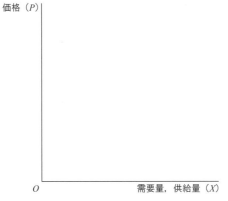

③ 均衡点 E_M における社会的余剰は，上で解答した図のどの部分の面積の差という形で表されるか，図に示しなさい．

④ 生産の負の外部性に対して，生産者に税（ピグー税）を課すことが考えられる．最適点を達成させるためには，政府はどのように課税すればよいか答えなさい．

⑤ 負の外部性が存在する市場に対する課税と外部性が存在しない完全競争市場に対する課税では社会的余剰に与える影響が異なる．どのように異なるかを答えなさい．

3.2 公共財の民間供給が過小になる理由について，公共財の性質を考慮しながら解答しなさい．

第4章
弾力性

> **Outline**

　価格が変化したときに，消費者の需要量や生産者の供給量が具体的にどの程度変化するか，時間の経過とともに，また財の種類により，その変化がどの程度異なるかを検証する際に**弾力性**の概念が有益になる．

　変化の程度は百分率，すなわちパーセンテージ（％）で表す．

　パーセンテージで表すことにより，計測単位の違い（例えばセンチメートル，インチ，円，ポンド）を問わず，財の変化の程度を比較できるようになる．

　弾力性の大きさにより政策の効果の大きさも異なるものとなる．

4.1 需要の価格弾力性

（i）需要の価格弾力性の定義

> **例題4.1** 空欄に適切な言葉を入れなさい．
>
> 　価格が1％上昇するとき，需要量が何％減少するかを示す指標を何と呼ぶか答えなさい．

> **例題4.2** 表4.1の値を参考に以下の問題を解答しなさい．
>
> （1）空欄を埋めて，表4.1を完成しなさい．なお，（C）については，途中の計算式についても記入しなさい．
>
> 続く ➡

表 4.1 価格の変化，需要量の変化，需要の価格弾力性

	価格	需要量
当初	500	30
変化後	525 （A）〔　　　〕％上昇	27 （B）〔　　　〕％減少
需要の価格弾力性	(C)	

（2） 需要は価格に対して弾力的か非弾力的か解答しなさい．

【解答のヒント】

- **需要の価格弾力性**は需要量の変化率を価格の変化率で割ることにより求まる．したがって，価格が1％上昇するとき，需要量が何％減少するかを示す指標になる．
- 一般に，ある財の価格が上昇すると，当該財の需要量は減少する（需要の法則）．このとき需要の価格弾力性はマイナスになる．ただし，需要の価格弾力性はプラスの符号で表すことが多いため，このテキストでは−1を掛け合わせる．
- 変化率は次式より求まる．

$$変化率 = \frac{変化後の値 - 元の値}{元の値} \times 100$$

- 需要の価格弾力性は次式より求まる．

$$需要の価格弾力性 (e_D) = -\frac{需要量の変化率}{価格の変化率}$$

- 弾力性が1より大きいとき**弾力的**といい，弾力性が1より小さいとき**非弾力的**という．

（ii）需要の価格弾力性の数式表現

例題 4.3 需要量 D は価格 P について微分可能とする．このとき需要の価格弾力性 e_D を数式で表現しなさい．

> **例題 4.4** 線形需要関数（D）が次のように表せるとしよう．
> $$D = 10 - 2P$$
>
> **(1)** $P=1$ のときの需要の価格弾力性を求めなさい．
>
>
> **(2)** $P=4$ のときの需要の価格弾力性を求めなさい．

【解答のヒント】

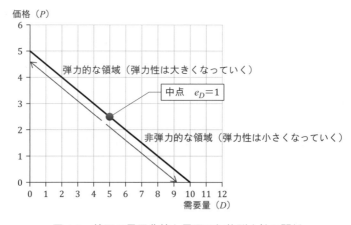

図 4.1 線形の需要曲線と需要の価格弾力性の関係

- 需要の価格弾力性は $e_D = -(dD/dP) \times (P/D)$ である．右辺の dD/dP と P/D の値をそれぞれ計算することより，需要の価格弾力性を求めることができる．
- $dD/dP = -2$ であるため，傾きは常に一定になる．一方，P/D の値は，P も D も変数のため，変化する．
- **図 4.1** に示されるように，価格が上昇するにつれて，需要の価格弾力性は大きくなっていく．需要曲線が線形（直線）であっても，計測箇所で需要の価格弾力性は異なることに注意する必要がある．

例題 4.5 図 4.2 において，C 点における需要の価格弾力性が AB/OA になることを，枠内に式で示しなさい．

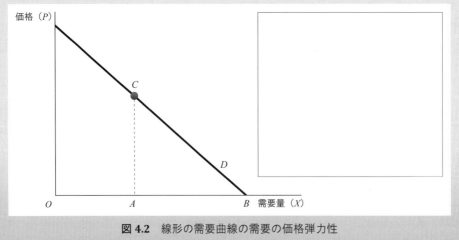

図 4.2 線形の需要曲線の需要の価格弾力性

【解答のヒント】
- もともとの価格を線分 AC で表し，もともとの需要量を線分 OA で表す．
- 価格が線分 AC 低下すると（$\Delta P = -AC$），需要量は線分 AB 増加する（$\Delta D = AB$）と考えられる．

例題 4.6 需要関数（D）が次のように直角双曲線（a は正の定数）のときの需要の価格弾力性を求めなさい．

$$D = \frac{a}{P}$$

【解答のヒント】
- 需要関数が直角双曲線のとき，需要曲線上のどの点においても，価格が 1% 上昇すると，需要量は 1% 減少する．

（iii）需要の価格弾力性の大きさを決定する要因

> **例題4.7** 以下の空欄に「大きく」か「小さく」のいずれかを入れなさい．
>
> （1）需要の価格弾力性は，生活必需品のように代替財が見つかりにくい場合に ___A___ なる傾向にあり，贅沢品のように代替財が見つけやすい場合に ___B___ なる傾向にある．
>
> （2）需要の価格弾力性は，時間の経過とともに _____ なる傾向にある．
>
> （3）市場の境界（範囲）が狭く定義される市場はそれが広く定義される市場に比べ需要の価格弾力性が _____ なる．

【解答のヒント】
- ある財と関連する財を考えよう．例えば，ある財と同じような満足を消費者に与え，その財と代わりになるような財は**代替財**と呼ばれる（コーヒーと紅茶）．一方，ある財と一緒に消費すると消費者の満足が高まるように，ある財を補う財は**補完財**と呼ばれる（コーヒーと砂糖）．
- ある財の代替財が存在すれば，その財の価格が上昇したときに，その財の消費を減らし，代替財の消費を増やすことができる．このため，価格が上昇すると需要量の変動が大きくなる．このように代替財の有無が需要の価格弾力性と密接に関係する．
- 時間の経過とともに，代替財を見つけやすくなるため，考慮する期間と需要の価格弾力性は密接に関係する．
- 市場の境界が狭く定義されるほど（果物市場は境界が相対的に広く，カンキツ類果物市場，ミカン市場の順に境界が相対的に狭くなる），代替財が見つけやすくなるため，市場の定義と需要の価格弾力性は密接に関係する．

(iv) 需要曲線と需要の価格弾力性

例題 4.8 図 4.3 には E_0 点で交わる 2 本の需要曲線 D_1 と D_2 が描かれている．E_0 点において，D_1 と D_2 のどちらの需要曲線のほうが需要の価格弾力性が大きくなるか，適切なほうに ○ を付けよ．

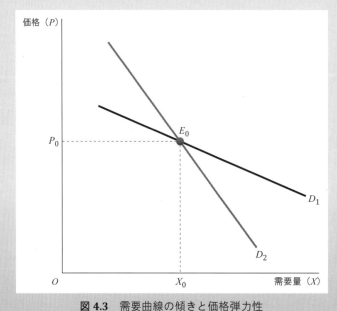

図 4.3 需要曲線の傾きと価格弾力性

【解答のヒント】
- 需要の価格弾力性は，需要曲線の傾きと密接に関係する．
- 2 本の線形の需要曲線が示された場合に，どちらが価格に対して弾力的な需要曲線になるかは，計測箇所の基準を設けることで容易に比較可能になる．
- 計測箇所を等しくすると，傾きが緩やかな（絶対値でみて傾きが小さい）需要曲線ほど，需要の価格弾力性は大きくなる（価格の変化に対する需要量の変動が大きくなる）．
- この問題の場合は，E_0 点において，価格と需要量はどちらの需要曲線も同じ水準である．したがって，需要曲線の傾きの大きさを比較することでどちらが需要の価格弾力性が大きいか判断できる．

例題 4.9 図 4.4 において，(A) には E_0 点において需要の価格弾力性が 0 になるような需要曲線を，(B) には E_0 点において需要の価格弾力性が ∞（無限大）になるような需要曲線を描きなさい．

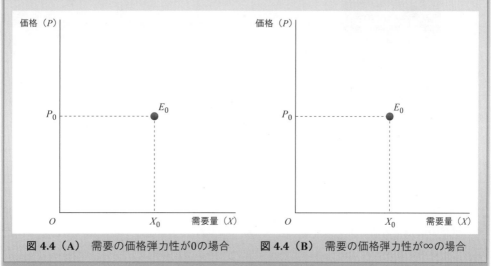

図 4.4（A）　需要の価格弾力性が 0 の場合　　図 4.4（B）　需要の価格弾力性が ∞ の場合

【解答のヒント】
- 需要の価格弾力性が 0 のとき，価格が変化しても需要量は変化しない．
- 需要の価格弾力性が ∞ のとき，価格が少しでも上がると需要量が 0 になり，少しでも下がると需要量が ∞ に増える．

4.2 供給の価格弾力性

(i) 供給の価格弾力性の定義

例題 4.10 空欄に適切な言葉を入れなさい．

価格が 1% 上昇するとき，供給量が何% 増加するかを示す指標を何と呼ぶか答えなさい．

例題 4.11 表 4.2 の値を参考に以下の問題を解答しなさい．

(1) 空欄を埋めて，表 4.2 を完成しなさい．なお，(C) については，途中の計算式についても記入しなさい．

続く ➡

表 4.2 価格の変化，供給量の変化，供給の価格弾力性

	価格	供給量
当初	100	300
変化後	115 （A）〔　　　〕％上昇	309 （B）〔　　　〕％増加
供給の価格弾力性	（C）	

(2) 供給は価格に対して弾力的か非弾力的か解答しなさい．

【解答のヒント】
- **供給の価格弾力性**は供給量の変化率を価格の変化率で割ることにより求まる．したがって，価格が 1％上昇するとき，供給量が何％増加するかを示す指標になる．
- 供給の価格弾力性は次式より求まる．

$$\text{供給の価格弾力性}\ (e_S) = \frac{\text{供給量の変化率}}{\text{価格の変化率}}$$

(ii) 供給の価格弾力性の数式表現

例題 4.12 供給量 S は市場価格 P について微分可能とする．このとき供給の価格弾力性 e_S を数式で表現しなさい．

例題 4.13 線形供給関数 (S) が次のように与えられるとしよう．
$$S = a + bP$$
ただし，a は定数，b は正の定数である．

(1) 供給の価格弾力性を求めなさい．

続く ➡

(2) $a=0$ のときの供給の価格弾力性を求めなさい．

(3) $a=20$ のときの供給の価格弾力性は弾力的か非弾力的か答えなさい．

(4) $a=-5$（ただし，$P>5/b$）のときの供給の価格弾力性は弾力的か非弾力的か答えなさい．

【解答のヒント】
- 定数項 a の値に依存して，供給の価格弾力性が弾力的か非弾力的か決定する．

例題 4.14 図 4.5 において，C 点における供給の価格弾力性が AB/OB で表せることを，枠内に式で示しなさい．

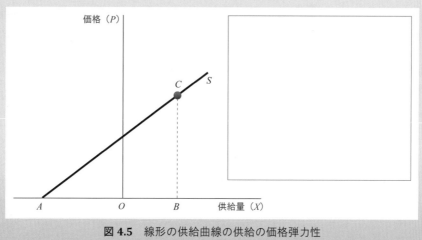

図 4.5　線形の供給曲線の供給の価格弾力性

【解答のヒント】
- もともとの価格を線分 BC で表し，もともとの供給量を線分 OB で表す．
- 価格が線分 BC 低下すると（$\Delta P=-BC$），供給量は線分 AB 減少する（$\Delta S=-AB$）と考えられる．

（iii）供給の価格弾力性の大きさを決定する要因

例題 4.15 以下の空欄に「大きく」か「小さく」のいずれかを入れなさい．

供給の価格弾力性は，時間の経過とともに　　　　　なる傾向にある．

【解答のヒント】
- 供給の価格弾力性は，企業が財の供給量をどれだけ速やかに調整できるかという生産技術に依存する．
- 時間の経過とともに，労働者を雇ったり，土地を新たに借りたり，工場の規模を変えたりしやすくなる．

（iv）供給曲線と供給の価格弾力性

例題 4.16 図 4.6 には E_0 点で交わる 2 本の供給曲線 S_1 と S_2 が描かれている．E_0 点において，S_1 と S_2 のどちらの供給曲線のほうが供給の価格弾力性が大きくなるか，適切なほうに〇を付けなさい．

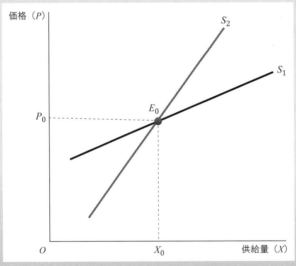

図 4.6 供給曲線の傾きと価格弾力性

【解答のヒント】
- 供給の価格弾力性は，供給曲線の傾きと密接に関係する．
- 2 本の線形の供給曲線が示された場合に，どちらが価格に対して弾力的な供給曲線になるかは，計測箇所の基準を設けることで容易に比較可能になる．
- 計測箇所を等しくすると，傾きが緩やかな（傾きが小さい）供給曲線ほど，供給の価格弾力性は大きくなる（価格の変化に対する供給量の変動が大きくなる）．

- この問題の場合は，E_0 点において，価格と供給量はどちらの供給曲線も同じであるため，供給曲線の傾きの大きさを比較することでどちらの弾力性が大きいか判断できる．

例題 4.17 図 4.7（A）には E_0 点において供給の価格弾力性が 0 になるような供給曲線を，図 4.7（B）には E_0 点において供給の価格弾力性が ∞ になるような供給曲線を描きなさい．

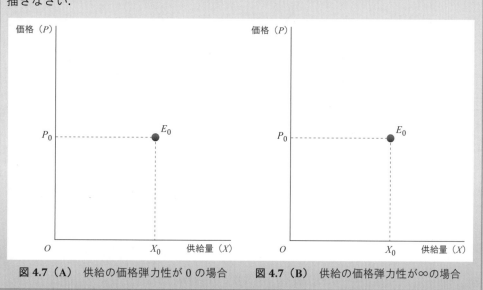

図 4.7（A）　供給の価格弾力性が 0 の場合　　図 4.7（B）　供給の価格弾力性が ∞ の場合

4.3　市場均衡と弾力性

例題 4.18 ある財の需要関数（D）と供給関数（S）が
$$D = 50 - 5P$$
$$S = -4 + P$$
のとき，均衡価格 P^* と均衡取引量（D^* または S^*）は $P^* = 9$，$D^* = S^* = 5$ になる．これらの関数や値を前提に，均衡における需要の価格弾力性 e_D と供給の価格弾力性 e_S を計算過程とともに答えなさい．

4.4 弾力性と政府介入

例題 4.19 図 4.8 で示されている完全競争市場において価格を P_C より上げてはいけないという規制が課せられるとしよう．

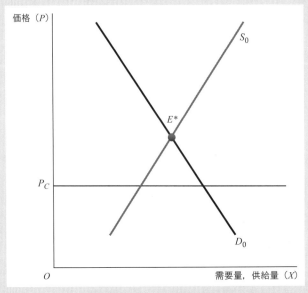

図 4.8 弾力性と価格規制

(1) 時間が経過すると，図 4.8 はどのように変化するだろうか．均衡点 E^* の位置，および価格規制の水準 P_C を変えずに，需要の価格弾力性，供給の価格弾力性を考慮して，新たに需要曲線 D_1 および供給曲線 S_1 を図 4.8 に描きなさい．

(2) 空欄に適切な言葉を入れなさい．

　　時間が経過すると，超過需要は　　　　する．

【解答のヒント】
- 需要の価格弾力性，供給の価格弾力性のいずれも時間とともに弾力性が大きくなる．

例題4.20 図4.9で示されている完全競争市場において企業に対して供給量1単位につきTの大きさの税が課されるとしよう.

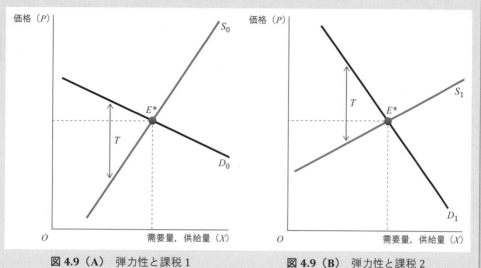

図4.9（A） 弾力性と課税1　　　図4.9（B） 弾力性と課税2

（1）以下は図4.9（A）と（B）の均衡における相違点を述べたものである．空欄に適切な言葉を入れなさい．

（A）は　　A　　の価格弾力性に比べて　　B　　の価格弾力性が大きいのに対し，（B）は　　A　　の価格弾力性に比べて　　B　　の価格弾力性が小さい．

（2）課税後の消費者への税の帰着部分，企業への税の帰着部分を図4.9（A）と（B）に示しなさい．

（3）以下は税の帰着と価格弾力性の関係について述べたものである．空欄に適切な言葉を入れなさい．

価格弾力性が　　　　　いほど，税の帰着は小さくなる．

【解答のヒント】
- 価格弾力性は，価格が変化したときに，どれだけすばやく市場から退出できるかを反映している．価格弾力性が大きいほど，その財に頼らずに取引から逃れられることを意味する．
- 市場から退出すると，その経済主体は税の負担を逃れられる．
- 市場から退出できない経済主体に税は帰着する．

例題 4.21 ある完全競争市場（ただし，需要曲線は 2 本描かれている）の財市場が図 4.10 のように表されるとしよう．

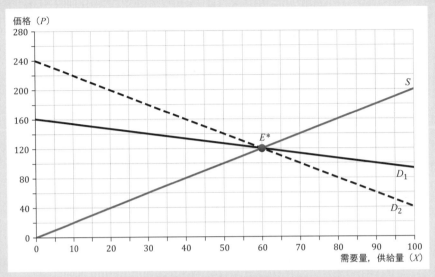

図 4.10　弾力性と課税 3

(1) 財 1 単位あたり 80 の税が課されたとしよう．それぞれの需要曲線について税の大きさを図 4.10 に描きなさい．

(2) どちらの需要曲線のときに死荷重が大きくなるかを，死荷重を計算した上で，答えなさい．

【解答のヒント】
- 税の大きさ（80）を底辺，均衡点を頂上とした三角形の面積が死荷重になる．
- どちらの需要曲線も底辺の大きさは 80 で等しい．
- 価格の弾力性が大きい需要曲線ほど，課税によって取引量が減少し，頂点から底辺までの距離（三角形の縦の距離）が長くなる．
- 需要や供給が価格に対して弾力的なほど，同じ大きさの税に対する死荷重は大きくなる．

練習問題

4.1 ある財市場は完全競争市場であり，この財の需要（D）と供給（S）がこの財の価格（P）の関数として次のように与えられているとしよう．

$$D = 16 - \frac{1}{6}P$$

$$S = \frac{5}{2}P$$

① 均衡価格，均衡取引量を計算しなさい．

② 均衡における需要の価格弾力性と供給の価格弾力性を求めなさい．

③ 政府が生産者に対して従量税を課した場合，税の帰着は消費者と生産者のどちらが重くなるだろうか．その理由とともに答えなさい．

第5章
企業行動1：費用

Outline

第5章では，企業の**生産**と**費用**の関係を考える．

企業は財を生産するために労働や資本といった資源を投入する．これらの資源を**生産要素**と呼ぶ．

生産要素の投入量に依存して生産量が決定する．この関係は**生産関数**として表現される（図 5.1）．同時に，生産量に依存して生産要素の所有者に対する支払い（費用）も決定する．この関係は**費用関数**として表現される（図 5.1）．

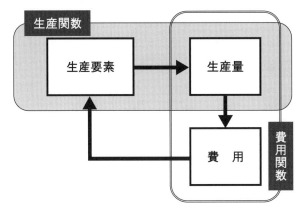

図 5.1　生産関数と費用関数の関係図

生産要素の投入量は期間に応じて調整できる場合と調整できない場合がある．

生産要素の投入量が調整できない期間を**短期**と呼び，すべての生産要素の投入量が調整できる期間を**長期**と呼ぶ．

第5章では，短期における費用，長期における費用を考える．

5.1 利　潤

例題 5.1　企業の生産物の量を X，生産物の価格を P，費用関数を $C=C(X)$ と表す．このとき企業の利潤 Π（パイ）を数式で表しなさい．

【解答のヒント】
- 企業の**利潤**は収入から費用を差し引くことにより求まる．
- 収入は生産物の価格と生産物の量の積として表せる．
- 費用は生産量に応じて変化するため生産量の関数として表される．

5.2 短期と長期

例題 5.2　空欄に適切な言葉を入れなさい．

　短期とは ▢^{A} 的生産要素が存在するような期間を指し，長期とはすべての生産要素が ▢^{B} 的になるような期間を指す．

【解答のヒント】
- 財を生産するにあたって投入される資源のことを**生産要素**と呼ぶ．三大生産要素として労働，土地，資本があげられる．
- ある期間内にある生産要素の投入量を変えることができない場合，その生産要素を**固定的生産要素**と呼ぶ．
- ある期間内にある生産要素の投入量を変えることができる場合，その生産要素を**可変的生産要素**と呼ぶ．

5.3 短期の費用

例題 5.3 表 5.1 は，ある企業が機械を一定量借り，パート労働者を雇い，ある財を生産している様子が示されている．（A）から（G）の空欄に適切な数値を埋め，**表 5.1** を完成しなさい．

表 5.1 短期の生産と費用

労働者数（人）	生産量	労働の限界生産物	固定費用（機械賃貸料）	可変費用（パート代）	費用
0	0		(E) [　]	(F) [　]	(G) [　]
1	20	(A) [　]	5	1.25	6.25
2	30	(B) [　]	5	2.5	7.5
3	35	(C) [　]	5	3.75	8.75
4	37.5	(D) [　]	5	5	10

【解答のヒント】
- この例題では固定的生産要素が存在するため期間は短期になる．
- 財の生産量を増やすには，可変的生産要素を増やす必要がある．
- ある生産要素の投入量を追加的に増やしたときの生産量の増加分を**限界生産物**と呼ぶ．このとき，その他の生産要素の投入量は一定にとどめられている．
- 固定的生産要素にかかる費用を**固定費用**，可変的生産要素にかかる費用を**可変費用**と呼ぶ．
- 固定費用は生産量がゼロの場合にも発生するが，生産量が増えても変化しない．
- 可変費用は生産量をゼロにすればゼロに抑えることができるが，生産量が増えると変化する．
- 企業の短期費用は固定費用と可変費用の和として表される．
- 財の生産量とともに短期の費用が増加するのは，可変費用が増加するためである．

例題 5.4 空欄に適切な言葉を入れなさい．

表 5.1（例題 5.3）から労働の限界生産物は労働者数の増加につれて ［　］A している．これを労働の限界生産物 ［　］B の法則と呼ぶ．

【解答のヒント】
- 労働者数が増加しても，短期においては機械の量を増やせないため，機械の利用が混み合う．このことが労働者の生産効率を低下させる．この結果，追加的な労働者の生産への貢献度が小さくなる．

例題 5.5 以下の問題を解答しなさい．

（1） 表 5.1（例題 5.3）の生産量と労働者数の数値を参考に図 5.2 の生産関数を完成しなさい．

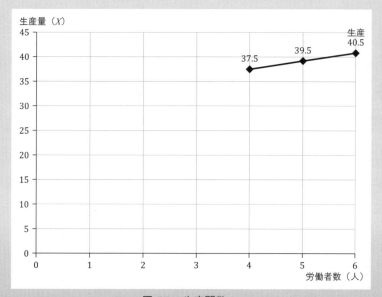

図 5.2　生産関数

（2） 生産関数の傾きは何を表しているだろうか．空欄に適切な言葉を入れなさい．

【解答のヒント】
- 生産量は生産要素の投入量に応じて変化するため生産要素の関数として表される．
- 労働者数を 1 人追加したときの生産量の増分は生産関数の傾きとして表せる．
- 生産関数の傾きが緩やかになるのは，**労働の限界生産物逓減の法則**を反映している．

例題 5.6 以下の問題を解答しなさい．

（1） 表 5.1（例題 5.3）の生産量が 0，20，30 に対応する費用の数値を図 5.3 に示し，費用関数を完成しなさい．

続く➡

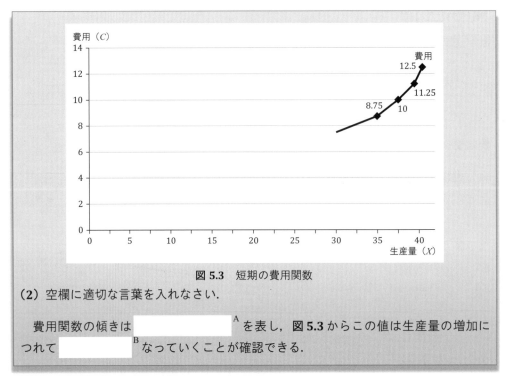

図 5.3 短期の費用関数

(2) 空欄に適切な言葉を入れなさい．

　費用関数の傾きは 　　　　　^{A} を表し，図 5.3 からこの値は生産量の増加につれて 　　　　　^{B} なっていくことが確認できる．

【解答のヒント】
- 費用関数の傾きは，生産量が追加的に 1 単位増加したときの費用の増分を示している．なお，短期においては，生産量の増加は可変的生産要素の増加により達成される．したがって，(2)(A) は可変費用の増分に等しい．

例題 5.7 ある企業の生産関数 (X) が，資本の投入量 (K) と労働の投入量 (L) の関数として，次式のように表せるとしよう．

$$X = 50K^{\frac{1}{5}}L^{\frac{4}{5}}$$

ここで，$K=1$，$L>0$ として，以下の問題を解答しなさい．

(1) 労働の限界生産物を計算しなさい．

(2) 労働の限界生産物が逓減することを確認しなさい．

続く ➡

(3) 資本（$K=1$）にかかる固定費用を2000，労働1単位にかかる可変費用を1000とし，この企業の費用Cを生産量Xの関数として表しなさい．

(4) 限界費用を計算しなさい．また，限界費用が逓増することを確認しなさい．

【解答のヒント】
- $K=1$のとき，生産関数は$X=50L^{4/5}$と，労働者数のみの関数として表現できる．労働の限界生産物はこの式を労働者数Lで微分することにより求まる．
- 労働の限界生産物をさらにLで微分し，その符号がマイナス（ただし，$L>0$）になれば，労働の限界生産物は労働者の追加によって小さくなること，すなわち逓減することが確認できる．
- 費用は固定費用と可変費用の和になるため，$C=2000+1000L$と表現できる．生産関数をLについて解き，Xの関数とする．この関数を費用のLに代入すれば，費用をXの関数で表す費用関数を求めることができる．
- 費用関数を生産量Xで微分すれば，限界費用が求まる．限界費用をさらにXで微分し，その符号がプラス（ただし，$X>0$）になれば，限界費用は生産量の追加により大きくなること，すなわち逓増することが確認できる．

例題5.8 ある企業の費用をC，可変費用をVC，生産量をXと表す．このとき，この企業の平均費用ACと平均可変費用AVCを数式で表しなさい．

【解答のヒント】
- 生産量1単位あたりの費用を**平均費用**，生産量1単位あたりの可変費用を**平均可変費用**と呼ぶ．

例題 5.9 表 5.2 は，ある企業の生産量と費用の関係を表している．（A）から（E）の空欄に適切な数値を埋め，表 5.2 を完成しなさい．

表 5.2 短期の生産と費用

生産量	費用	固定費用	可変費用	平均可変費用	平均費用	限界費用
0	10	(A) [ ]	0			
1	13	10	(B) [ ]	3	13	3
2	15	10	5	(C) [ ]	7.5	(E) [ ]
3	16	10	6	2	5.3	1
4	19	10	9	2.3	4.8	3
5	25	10	15	3	(D) [ ]	6
6	35	10	25	4.2	5.8	10
7	50	10	40	5.7	7.1	15
8	71	10	61	7.6	8.9	21
9	100	10	90	10	11.1	29
10	140	10	130	13	14	40

注）平均費用や平均可変費用について割り切れない場合は小数点第1位までを表している．

例題 5.10 図 5.4 に生産量 6 における平均費用 $AC(6)$，生産量 8 における平均可変費用 $AVC(8)$，生産量 9 における限界費用 $MC(9)$ を表現しなさい．

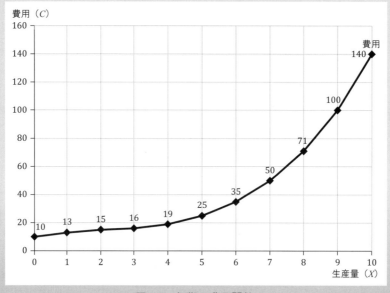

図 5.4 短期の費用関数

【解答のヒント】

- 生産量6における平均費用は生産量6における費用曲線上の点（$C(6)=35$）と原点を結んだ線分の傾きとして表せる．

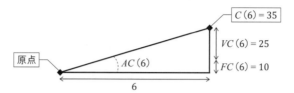

- 生産量8における平均可変費用は生産量8における費用曲線上の点（$C(8)=71$）と縦軸の切片を結んだ線分の傾きとして表せる．縦軸の切片の費用は固定費用を表しているため，生産量8における費用から固定費用の高さ（10）を差し引いた距離は可変費用に等しくなる．

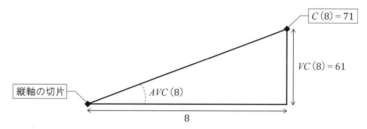

- 生産量9における限界費用は生産量9における費用と生産量10における費用を結んだ線分の傾きとして表せる．

例題 5.11 図5.4（例題5.10）において費用関数の傾き（限界費用）は生産量が3に到達するまでは，生産量の増加につれて小さくなり，それを超えると，生産量の増加につれて大きくなっている．以下はその理由について述べたものである．空欄に適切な言葉を入れなさい．

生産量が少ない間は，分業の利益からくる追加的な ____A 上昇の抑制効果が，____B の存在からくる追加的な ____A 上昇の押上効果を上回るが，生産量が ____C していくと，やがて前者が後者を下回るようになるため．

【解答のヒント】

- 増産のために労働者を増やしていくと，分業の利益から労働者の生産効率が上昇し，追加的な生産量に対する費用の増分を抑える効果がある．
- 同時に，増産のために労働者を増やしていくと，固定的生産要素である機械の利用が混み合い，これが労働者の生産効率を低下させ，追加的な生産量に対する費用の増分を押し上げる．

例題5.12 表5.2（例題5.9）の限界費用の値を用いて，図5.5の限界費用曲線（MC）を完成しなさい．

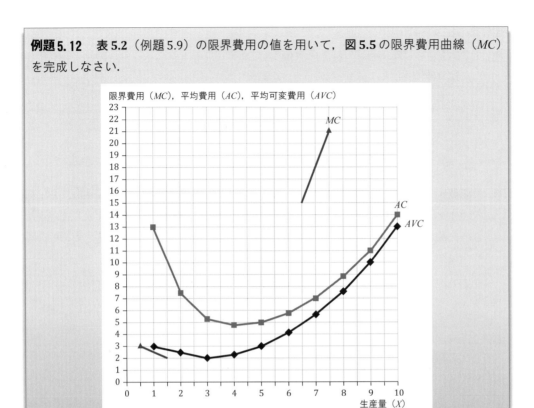

図5.5 限界費用曲線

【解答のヒント】
- 表5.2から，生産量を0単位から1単位に増加したときの限界費用は3になる．図5.5では，横軸の0単位と1単位の中間，すなわち0.5単位のときに限界費用が3になるように示している．
- 同様に，横軸の1単位と2単位の中間（1.5単位）に，企業が生産量を1単位から2単位に増加したときの限界費用（2）を示している．
- 以下この作業を続け，これらの組み合わせを結ぶと限界費用曲線を得る．

例題5.13 空欄に適切な言葉を入れなさい．

図5.5（例題5.12）から平均費用曲線は〔　A　〕字型になり，限界費用曲線は平均可変費用曲線および平均費用曲線の〔　B　〕を通過している．

【解答のヒント】
- （A）はアルファベット1文字を記入する．

- 費用を固定費用と可変費用に分け，生産量で割ると，次のように分解できる．

  平均費用＝平均固定費用＋平均可変費用

- 生産量が増加すると，平均固定費用（固定費用／生産量）は分子の固定費用が一定であるため，必ず減少していく．
- 平均可変費用は限界費用が平均可変費用より低い生産量の間は減少していく．しかし，生産量の増加にともない限界費用が平均可変費用より高くなると，平均可変費用は増加に転じる．
- 生産量が少ない間は平均固定費用と平均可変費用はどちらも低下していくため，平均費用は減少していくが，生産量が多くなると，平均可変費用が増加に転じ，やがて平均固定費用の減少を相殺し，平均費用の増加をもたらす．
- 生産量を追加的に増やしたときに，可変費用（または費用）の増分である限界費用が追加前の平均可変費用（または平均費用）よりも小さければ，平均可変費用（または平均費用）は生産量追加前よりも小さくなる．
- 生産量を追加的に増やしたときに，限界費用が生産量追加前の平均可変費用（または平均費用）と等しければ，平均可変費用（または平均費用）は生産量追加前と等しくなる．
- 生産量を追加的に増やしたときに，限界費用が生産量追加前の平均可変費用（または平均費用）よりも大きければ，平均可変費用（または平均費用）は生産量追加前よりも大きくなる．

例題 5.14 生産量 X_0 における固定費用 FC と可変費用 VC を図 5.6（A）に示しなさい．次に，生産量 X_0 における限界費用 MC，平均費用 AC，平均可変費用 AVC を図 5.6（B）に示しなさい．

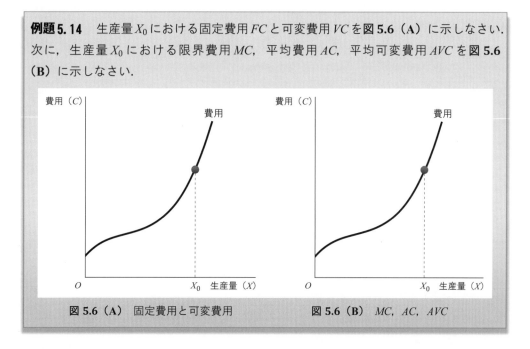

図 5.6（A） 固定費用と可変費用　　　図 5.6（B） MC, AC, AVC

【解答のヒント】
- 生産量 X_0 における限界費用は生産量 X_0 における費用曲線上の接線の傾きとして表せる．

例題 5.15 限界費用，平均可変費用，平均費用が最小になる箇所を図 5.7（上）の費用曲線上に●印として示しなさい．次に，図 5.7（上）から得られる限界費用曲線（MC），平均可変費用曲線（AVC），平均費用曲線（AC）を図 5.7（下）に描きなさい．最後に，図 5.7（下）の横軸上に，限界費用（X_0），平均可変費用（X_1），平均費用（X_2）が最小になる生産量を示した上で，それらの生産量と対応する図 5.7（上）の●印を破線で結びなさい．

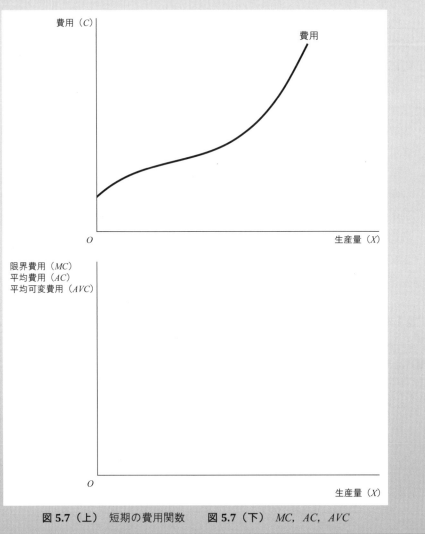

図 5.7（上） 短期の費用関数　　図 5.7（下）　MC, AC, AVC

【解答のヒント】
- 図 5.7（上）費用曲線上で限界費用が最小になるのは，費用曲線の変曲点になる．
- 図 5.7（下）限界費用曲線，平均可変費用曲線，平均費用曲線の最小点に●印をつけると特徴が理解しやすくなる．

例題5.16 次のような費用関数（C）が与えられているとしよう．

$$C = X^3 - 4X^2 + 10X + 64$$

（1）限界費用，平均可変費用を求めなさい．

（2）平均可変費用が最小になる生産量を求めなさい．

【解答のヒント】
- 平均可変費用が最小になる生産量においては，限界費用と平均可変費用が等しくなる．
- 平均可変費用を最小にする生産量は，平均可変費用関数を X で微分し，それをゼロと置くことからも求まる．

5.4 長期の費用

例題 5.17 工場の規模に応じて図 5.8 のように 3 つの短期平均費用曲線（SAC_1, SAC_2, SAC_3）が描かれるとしよう．この 3 つの短期平均費用曲線に対応する長期平均費用曲線（LAC）を図 5.8 に描きなさい．

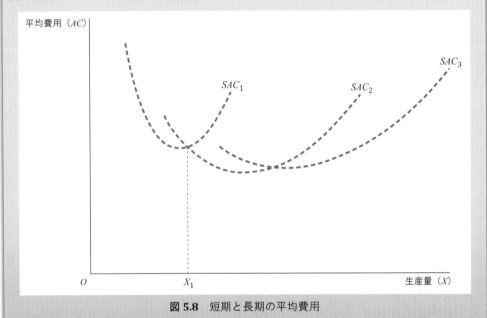

図 5.8 短期と長期の平均費用

【解答のヒント】

- 長期では，短期において固定的生産要素にあたる工場の規模を変更することにより，最も平均費用が低くなる工場規模を選択できる．
- 長期の平均費用は短期の平均費用と等しいかそれよりも低くなる．生産量を X_1 から増やすときには，短期においては SAC_1 に沿って平均費用が増加するが，長期においては，SAC_2 に対応する工場規模を選択して，SAC_2 に沿って平均費用の増加を抑えることができる．
- 長期平均費用曲線は短期平均費用曲線の最も低い箇所をなぞる形になる．

例題 5.18 空欄に適切な言葉を入れなさい．

長期平均費用が生産量の増加とともに減少するとき，____A____ が働くといい，逆に長期平均費用が生産量の増加とともに増加するとき，____B____ が働くという．長期平均費用が生産量の水準に関わらず一定のとき，規模に関して____C____という．

【解答のヒント】
- すべての生産要素を t 倍し，t 倍の費用をかけたとき，生産量が t 倍よりも多くなる（少なくなる）と長期平均費用は減少する（増加する）．生産要素を t 倍し，生産量が t 倍よりも多くなる（少なくなる）ことは規模に関して収穫逓増（逓減）とも呼ばれる．

例題 5.19 図 5.9 には，企業の長期平均費用曲線および 2 つの異なる工場規模に対応する短期平均費用曲線（SAC_2, SAC_3）と短期限界費用曲線（SMC_2, SMC_3）が描かれている．図 5.9 に企業の長期限界費用曲線（LMC）を描きなさい．

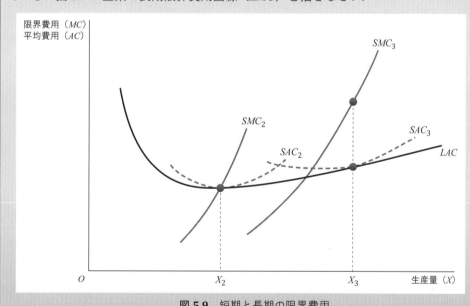

図 5.9 短期と長期の限界費用

【解答のヒント】
- 企業は利潤を最大にするために任意の生産量において最も費用が低くなる工場規模を選択する．
- 生産量が X_3 のときは，短期限界費用が長期平均費用と接する SAC_3 に対応する工場規模が選択される．これにより X_3 が選択されるときの短期限界費用（SMC_3 上）を知ることができる．

- この短期限界費用が長期的に選択されるため，生産量が X_3 のとき長期限界費用は短期限界費用（SMC_3）と等しくなる．すなわち，生産量 X_3 において長期限界費用曲線（LMC）は短期限界費用曲線（SMC_3）を通過する．
- 同様のことは，生産量が X_2 についてもいえる．
- LAC が U 字型のため，LMC は LAC の最低点を通り，最低点より少ない生産量においては，LMC は LAC より小さくなり，最低点より多い生産量においては，LMC は LAC より大きくなる．

例題 5.20 図 5.9（例題 5.19）において，生産量 X_3 における LMC の傾きと SMC_3 の傾きを比較すると前者のほうが後者よりも小さい．以下はその理由を述べたものである．空欄に適切な言葉を入れなさい．

生産量が X_3 より大きくなると，____A____ においては工場の規模が変えられないことが制約となり，労働の限界生産物が ____B____ し，限界費用が ____C____ する．しかし，____D____ においては，工場の ____E____ を拡大することにより労働の限界生産物の ____B____，およびそれにともなう限界費用の ____C____ をそれぞれ抑制できる．以上から，生産量 X_3 における LMC の傾きは SMC_3 の傾きよりも ____F____ なる．

【解答のヒント】
- 生産量が X_3 よりも拡大したときの，短期と長期における労働の限界生産物の違いに着目し，解答する．

例題 5.21 次のような長期費用関数（C）が与えられているとしよう．

$$C = \frac{1}{3}X^3 - 20X^2 + 500X$$

(1) 長期限界費用，長期平均費用を求めなさい．

(2) 長期平均費用が最小になる生産量を求めなさい．

【解答のヒント】
- 長期平均費用が最小になる生産量においては，長期限界費用と長期平均費用は等しくなる．
- 長期平均費用を最小にする生産量は，長期平均費用関数を X で微分し，それをゼロと置くことからも求まる．

練習問題

5.1 費用関数（C）が次のように表されるとしよう．

$$C = X^3 - 15X^2 + 100X + 243$$

① 限界費用，平均可変費用を求めなさい．

② 平均可変費用が最小になる生産量を求めなさい．

5.2 企業の費用について以下の問題を解答しなさい．

① 固定的生産要素を用いて短期と長期の違いを述べなさい．

② 短期における企業の平均費用曲線（AC），平均可変費用曲線（AVC）をU字型として図に描いた上で，限界費用曲線（MC）を描きなさい．なお解答の際は，3つの曲線の位置関係に注意しなさい．

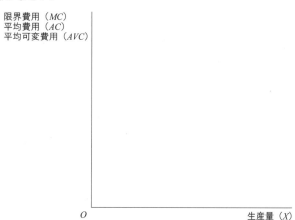

5.3 企業の費用について以下の問題を解答しなさい．

① 長期における企業の平均費用曲線（LAC）をU字型として図に描いた上で，長期限界費用曲線（LMC）を描きなさい．

② 長期平均費用曲線（LAC）の最低点と接するU字型の短期平均費用曲線（SAC）を描き，この短期平均費用曲線に対応する短期限界費用曲線（SMC）を描きなさい．

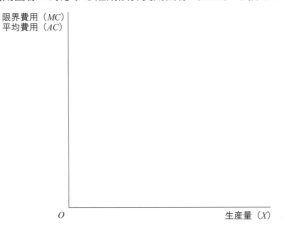

第6章
企業行動2：生産

> **Outline**
>
> 第6章では，完全競争市場における企業（競争企業）の生産の決定を考える．
>
> 価格受容者である企業は，財の価格を所与として，利潤を最大にするように財の生産量を決定する．
>
> 短期における生産量の決定は価格と平均可変費用の大小関係が重要になる（操業を停止するか否かの決定）．
>
> 長期における生産量の決定は価格と平均費用の大小関係が重要になる（市場から退出するか否かの決定）．
>
> 企業の供給曲線から，**市場供給曲線**を導出する．

6.1 短期における生産の決定

(i) 利潤最大化と最適生産

> **例題6.1** 図6.1に示されるように企業の収入関数（R）と費用関数（C）が次のように与えられているとしよう．
>
> $$R = 1000X$$
>
> $$C = \frac{1}{3}X^3 - 20X^2 + 500X + 5000$$
>
> **(1)** 数式を用いて利潤最大化問題を作成しなさい．
>
> 続く ➡

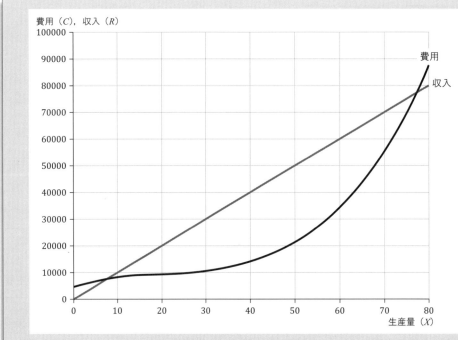

図 6.1 費用曲線と収入曲線

(2) (1) を解き，利潤を最大にする生産量を求めなさい．

(3) 利潤を最大にする生産量における費用関数の傾きの値を答えなさい．

(4) 図 6.1 に利潤が最大になる生産量に○印をつけ，そのときの利潤を図 6.1 に示しなさい．

【解答のヒント】
- 競争企業の利潤は収入から費用を差し引くことにより求まる．このため，利潤は生産量の関数になる．
- 利潤関数の最大値は，利潤関数を生産量 X について微分し，それをゼロと置くことにより求まる．
- 追加的な収入である価格と追加的な費用である限界費用が等しくなる生産量において企業の利潤は最大になる．

例題 6.2 空欄に適切な言葉を入れなさい．

図 6.2 の利潤曲線の傾きは＿＿＿＿A と呼ばれ，利潤曲線の頂点ではその値は＿＿B になる．＿＿A は価格から＿＿＿＿C を差し引く値になるため，利潤曲線の頂点では価格と＿＿＿＿C が等しくなる．

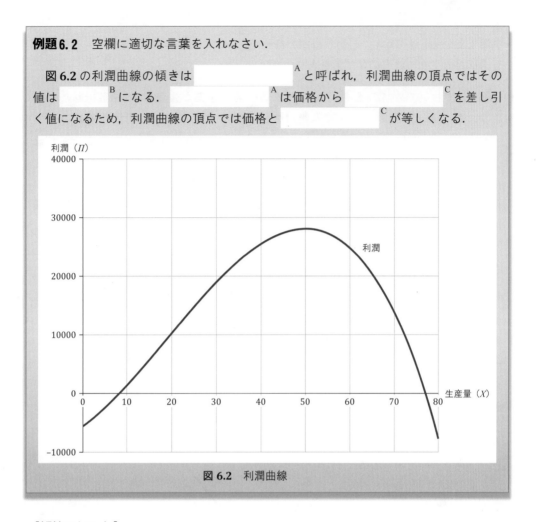

図 6.2 利潤曲線

【解答のヒント】
- （A）は生産量を追加的に増やしたときの利潤の変化を指す．
- 図 6.2 の任意の生産量における利潤は，当該生産量における図 6.1（例題 6.1）の収入と費用の差に等しくなるように描かれている．
- 利潤関数の最大値は，利潤関数を生産量 X について微分し，それをゼロと置くことにより求まる．

例題 6.3 以下は図 6.3 に関する説明であるが，(A)，(C)，(E) には等号，不等号を，そのほかの空欄には適切な言葉を入れなさい．

図 6.3 において，財の価格が 1000 であるとき，企業が生産量 30 を選択したとしよう．このとき，価格 ☐^A 限界費用の関係が成立するため，限界利潤の符号は ☐^B になる．限界利潤が ☐^B である限り，企業は財を増産し続けるほうが良いため，生産量 30 では利潤は最大にならない．次に，仮に企業が生産量 70 を選択したとすると，価格 ☐^C 限界費用の関係が成立するため，限界利潤の符号は ☐^D になる．限界利潤が ☐^D である限り，企業は財を減産し続けるほうが良いため，生産量 70 では利潤は最大にならない．

以上から，利潤を最大にする生産量では，価格 ☐^E 限界費用の関係が成立し，限界利潤の値が ☐^F になる．

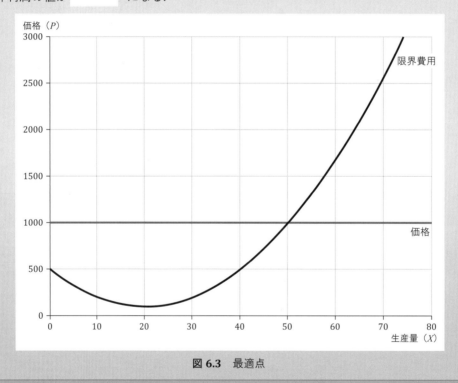

図 6.3　最適点

【解答のヒント】
- 限界費用曲線は**図 6.1**（例題 6.1）の各生産量における費用曲線の傾きの軌跡である．
- 価格は**図 6.1** の収入曲線の傾きの値である．
- 任意の生産量における限界利潤は，その生産量における価格と限界費用の差として表すことができる．

例題 6.4 図 6.4 を参考にして，以下の問題を解答しなさい．

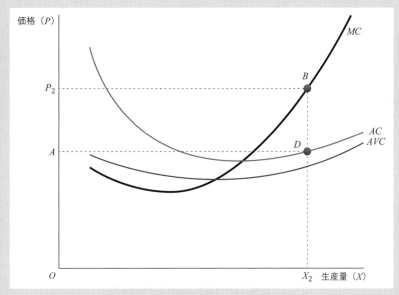

図 6.4 企業の利潤，収入，費用

(1) 価格が P_2 のときの収入を面積で答えなさい．

面積 _____

(2) 価格が P_2 のときの費用を面積で答えなさい．

面積 _____

(3) 価格が P_2 のときの利潤を面積で答えなさい．

面積 _____

【解答のヒント】
- 面積はアルファベットを用いて解答すること．
- 利潤（Π）と生産者余剰（PS）の違いは以下の通りである．

$$\Pi = PX - C = PX - (FC + VC)$$
$$PS = PX - VC$$

- 長期においては，費用はすべて可変費用と捉えることができるため（$FC=0$），利潤と生産者余剰は一致する．しかし，短期においては，利潤には固定費用が含まれるが，生産者余剰には含まれないため，利潤は生産者余剰よりも小さくなる．
- 生産量 X_2 までの限界費用曲線の下の面積は可変費用を表す．

- 生産量 X_2 までの費用（C_2 とする）は平均費用（線分 DX_2 を AC_2 と表す）を用いて次式のように表すことができる．

$$C_2 = \frac{C_2}{X_2} \times X_2 = AC_2 \times X_2$$

例題 6.5　図 6.5 を参考にして，以下の問題を解答しなさい．

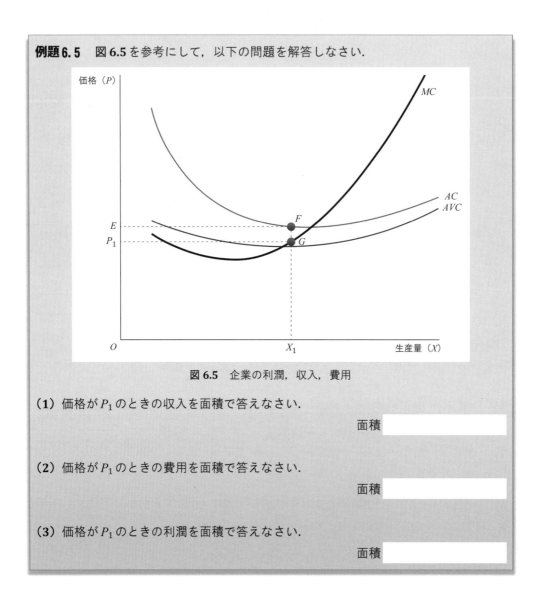

図 6.5　企業の利潤，収入，費用

(1) 価格が P_1 のときの収入を面積で答えなさい．

面積 ☐

(2) 価格が P_1 のときの費用を面積で答えなさい．

面積 ☐

(3) 価格が P_1 のときの利潤を面積で答えなさい．

面積 ☐

【解答のヒント】
- 利潤を最大にする生産量（価格＝限界費用）において価格が平均費用より低くなると，利潤は負になる．

(ii) 操業停止の決定

例題 6.6 図 6.5（例題 6.5）を参考にしながら，以下の問題を解答しなさい．

(1) 空欄に不等号を入れなさい．

図 6.5 より，生産量 X_1 において P_1 ◻ AVC_1（AVC_1 は生産量 X_1 における平均可変費用を表す）が成立している．

(2) 以下は，価格が P_1 のとき競争企業は生産量 X_1 を選択し，たとえ利潤が負になっても操業を続けたほうが良い理由を述べたものである．空欄に適切な言葉を入れなさい．

操業を停止したときよりも ◻^{A} 額（マイナスの ◻^{B}）を縮小できるから．

【解答のヒント】
- 短期における利潤は次式のように表すことができる．

$$\Pi = (PX - VC) - FC = \left(P - \frac{VC}{X}\right)X - FC = (P - AVC)X - FC$$

- 企業は操業を続けることで得た収入を用いて可変的生産要素に対する支払い（可変費用）を済ませ，かつ残金があれば，それを固定的生産要素に対する支払い（固定費用）に利用することができる．
- 短期においては，企業は生産量をゼロにして，可変費用をゼロにすることはできるが，固定費用を減らすことはできない．

例題 6.7 以下の問題を解答しなさい．

(1) 与えられた価格の下で企業が限界費用に等しくなるように生産量を選択すると，選択された生産量に要する平均可変費用が価格を上回るとしよう．以下は，このときの競争企業が取るべき行動およびその行動を取る理由を述べたものである．空欄に適切な言葉を入れなさい．

◻^{A} 額をマイナスの ◻^{B} に抑えるために，企業は操業を停止すべきである．

(2) 平均可変費用曲線の最小点は，企業が操業するか否かの観点からどのように呼ばれているか答えなさい．

◻ 点

【解答のヒント】

- $P<AVC$（または $PX<VC$）が成立するとき，企業は操業を続けると，可変的生産要素に対する支払いができなくなる．このため，操業を続けると，赤字額はマイナスの固定費用よりも拡大する．
- 短期においては，固定費用は回収できない費用（**サンク・コスト，埋没費用**）であり，この費用を考慮せず，生産量を決定することになる．すなわち，利潤ではなく生産者余剰を最大にするように生産量を決定する．
- 短期においては，生産者余剰（$PX-VC$）が負になるとき，操業を停止すべきであると言い換えることができる．
- 企業は，操業を停止（生産量をゼロに）しても，固定費用の支払いから逃れることはできない．

例題6.8 費用関数（C）が次のように表されるとしよう．
$$C=X^3-4X^2+10X+64$$
操業停止価格を求めなさい．

【解答のヒント】

- 平均可変費用曲線の最小点が**操業停止点**である．
- 企業が操業を停止するような価格を**操業停止価格**と呼ぶ．
- 平均可変費用が最小になる生産量においては，限界費用と平均可変費用が等しくなる．
- 平均可変費用を最小にする生産量は，平均可変費用関数を X で微分し，それをゼロと置くことからも求まる．
- 得られた生産量を，平均可変費用関数に代入すると，操業停止価格を求めることができる．

（iii）企業の短期供給曲線

例題6.9 図6.6の操業停止点に○印をつけた上で，企業の短期供給曲線を描きなさい．

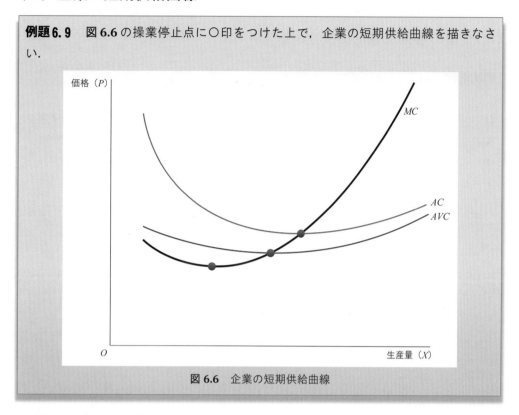

図6.6 企業の短期供給曲線

【解答のヒント】
- 企業の短期供給曲線は，限界費用曲線のうち平均可変費用曲線よりも上の部分になる．
- 価格が平均可変費用（操業停止価格）より低いとき，利潤を最大にする生産量はゼロになるため，縦軸に一致する．

6.2 長期における生産の決定

(i) 企業の参入・退出の決定

例題6.10 以下の問題を解答しなさい．

(1) 長期において与えられた価格の下で企業が限界費用に等しくなるように生産量を選択すると，選択された生産量に要する平均費用が価格を上回るとしよう（利潤が負）．以下は，企業がこのときに取るべき行動およびその行動を取る理由を説明したものである．空欄に適切な言葉を入れなさい．

すべての生産要素が ___A___ 的であるため，（すべての生産要素の投入量を ___B___ にし）企業は市場から ___C___ すべきである．

(2) 平均費用曲線の最小点は，企業の利潤の観点からどのように呼ばれているか答えなさい．

_____ 点

【解答のヒント】
- 完全競争市場では，企業は自由に参入・退出できる．
- 短期においては，固定的生産要素の投入量をゼロにできないため，市場から退出できないが，長期ではこれをゼロにして退出できる．
- 企業は，退出（生産量をゼロにすること）によってすべての費用の支払いから逃れることができる．

例題6.11 長期費用関数（C）が次のように表されるとしよう．

$$C = \frac{1}{3}X^3 - 20X^2 + 500X$$

損益分岐価格を求めなさい．

【解答のヒント】
- 平均費用曲線の最小点が**損益分岐点**である．
- 企業の利潤がゼロになるような価格を**損益分岐価格**と呼ぶ．
- 長期平均費用が最小になる生産量においては，長期限界費用と長期平均費用は等しくなる．
- 長期平均費用を最小にする生産量は，長期平均費用関数を X で微分し，それをゼロと置くことからも求まる．
- 得られた生産量を，長期平均費用関数に代入すると，損益分岐価格を求めることができる．

(ii) 企業の長期供給曲線

例題 6.12 図 6.7 の損益分岐点に○印をつけた上で，企業の長期供給曲線を描きなさい．

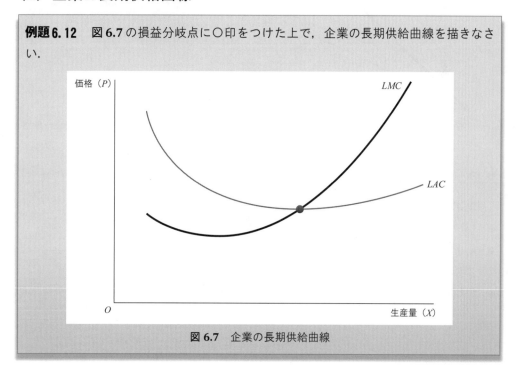

図 6.7 企業の長期供給曲線

【解答のヒント】
- 企業の長期供給曲線は，長期限界費用曲線のうち長期平均費用曲線よりも上の部分になる．
- 価格が長期平均費用（損益分岐価格）より低いとき，利潤を最大にする生産量はゼロになるため，縦軸に一致する．

6.3 市場供給曲線

例題 6.13 図 6.8（A）には個別企業の短期の限界費用，平均費用，平均可変費用曲線がそれぞれ描かれている．ここで，市場にはこの企業も含め 10 社の企業が存在し，残りの企業もこの企業と同一の費用関数を持つとしよう．このときの市場供給曲線を図 6.8（B）に描きなさい．

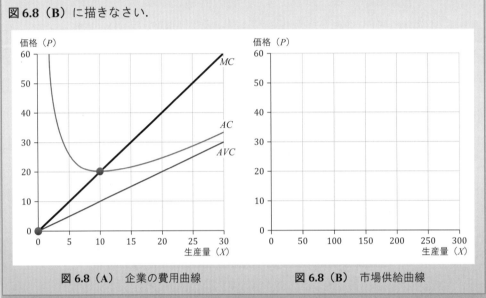

図 6.8（A）　企業の費用曲線　　　　図 6.8（B）　市場供給曲線

【解答のヒント】
- 短期における市場供給曲線は，個別企業の供給曲線を水平方向に合計する．
- 価格を固定して，各企業の生産量を求め，それらを足し合わせると市場供給量を求めることができる．
- 例題 6.13 の場合，すべての企業の供給曲線は同一の形状になるため，企業の生産量を 10 倍することにより，市場供給量を求めることができる．

例題 6.14 図 6.9（A）には企業の長期限界費用曲線と長期平均費用曲線が描かれている．市場にはこの企業と同一の費用関数を持つ企業が多数存在するとしよう．

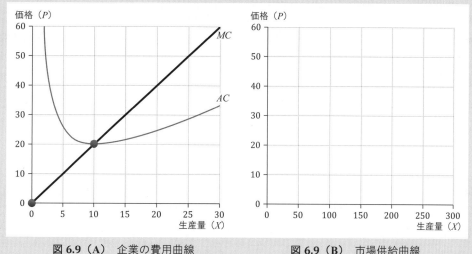

図 6.9（A）　企業の費用曲線　　　　図 6.9（B）　市場供給曲線

(1) 既存企業が利潤を最大にする生産量において，価格が平均費用よりも高ければ，利潤は正になる．以下は，このときに，潜在企業が取るべき行動，およびその行動の結果が財の価格に与える影響について述べたものである．空欄に適切な言葉を入れなさい．

潜在的な企業はこの市場に □^A しはじめる．財の市場供給量が □^B する結果，価格は □^C しはじめる．

(2) 既存企業が利潤を最大にする生産量において，価格が平均費用よりも低ければ，利潤は負になる．以下は，このときに，既存企業が取るべき行動，およびその行動の結果が財の価格に与える影響について述べたものである．空欄に適切な言葉を入れなさい．

既存企業はこの市場から □^A しはじめる．財の市場供給量が □^B する結果，価格は □^C しはじめる．

(3) 市場供給曲線を図 6.9（B）に描きなさい．

(4) 空欄に適切な言葉を入れなさい．

図 6.9（A）において，この産業の長期均衡における企業の生産量は □^A になり，そのときの利潤は □^B になる．

【解答のヒント】

- 例題 6.14 では，長期における市場供給曲線は個別企業の供給曲線を水平方向に合計しても求まらない．
- 長期においては企業の参入と退出行動を考慮する必要がある．
- 企業の参入や退出により，財の市場供給量にどのような変化が起きるかを考えることにより，財の価格に与える影響を理解することができる．
- 企業の参入や退出は，企業の利潤がゼロになるまで続く．
- 例題 6.14 のような場合，完全競争市場の長期の均衡では，企業は長期平均費用の最小値で操業する．

例題 6.15 図 6.10（A）には，ある企業の短期と長期の限界費用曲線と平均費用曲線が描かれている．市場にはこの企業と同一の費用関数を持つ企業が多数存在するとしよう．図 6.10（B）には，この財市場の市場供給曲線と市場需要曲線が描かれている．

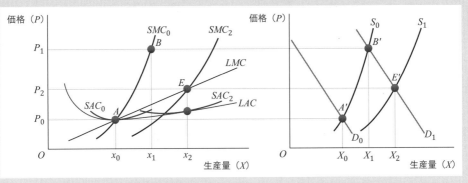

図 6.10（A） 企業の費用曲線　　　図 6.10（B） 市場均衡

(1) 以下の文章は上図を説明したものである．空欄に適切な言葉を入れなさい．

① 当初の市場需要曲線が D_0，短期の市場供給曲線が S_0 でそれぞれ描かれているとしよう．このとき市場に参入している既存企業は財を ☐A だけ生産する．既存企業数を n_0 で表すと，市場供給量 X_0 は ☐B と表すことができる．

② 市場需要曲線が D_0 から D_1 に右方シフトしたとしよう．このとき市場に参入している既存企業は財を ☐C だけ生産するため，市場供給量 X_1 は ☐D と表すことができる．このとき既存企業は ☐E の利潤を獲得している．

③ 正の利潤が存在するが，しばらくの間は潜在企業が参入しないとしよう．それに対して，既存企業は工場規模を拡大し，増産に踏み切り，短期の市場供給曲線が S_0 から S_1 に右方シフトしたとする．このとき，既存企業は SAC_2 に対応する工場規模を選択し，財を ☐F だけ生産する．したがって，市場供給量 X_2 は ☐G と表すことができる．

続く ➡

④ 正の利潤を獲得しようと，時間の経過とともに，潜在企業がこの市場に[H]しはじめる．その結果，短期の市場供給曲線は[I]にシフトし，この[I]シフトは利潤が[J]になるまで続く．価格は[K]に戻り，既存企業と新たにこの市場に参入した新規企業は財をそれぞれ[L]だけ生産する．既存企業と新規企業の合計数を n_1 で表すと，市場供給量 X_3 は[M]と表すことができる．

(2) ④に示される短期の市場供給曲線 S_3 を図 6.10（B）に描きなさい．市場需要曲線 D_1 との交点を F' 点として示し，そのときの市場供給量 X_3 を示しなさい．

(3) 長期の市場供給曲線 LS を図 6.10（B）に描きなさい．

【解答のヒント】
- 長期の市場供給曲線は，短期の市場供給曲線のシフトによって求めることもできる．
- (1) ②のような短期では，潜在的企業の参入はない．③では，しばらく潜在企業が参入しない場合の既存企業の対応を考えている．
- 需要の拡大に対して，短期的には企業の最適点は A 点から B 点へ移動する．③を無視すれば，潜在企業の参入に対して，長期的には企業の最適点は B 点から A 点へ戻ることになる．
- 市場における均衡点は，短期的には短期の供給曲線に沿って，A' 点から B' 点へ移動する．既存企業の工場規模拡大により，短期供給曲線が右方シフトすると，新しい需要曲線に沿って，均衡点は B' 点から E' 点へ移動する．潜在企業が参入する長期では，短期供給曲線がさらに右方シフトし，新しい需要曲線に沿って，均衡点は E' 点から F' 点へ移動する．
- 例題 6.15（すべての企業の費用関数が同一の場合）では，長期においては，需要を満たすように企業数のみが調整される．

例題 6.16 すべての企業の費用曲線は同一とし，市場需要関数（D）と企業の費用関数（C）は次のように表せるとしよう．

$$D = 1000 - 2P$$

$$C = \frac{1}{3}X^3 - 20X^2 + 500X$$

(1) 産業の長期均衡における各企業の生産量を求めなさい．

(2) 産業の長期均衡における均衡価格を求めなさい．

(3) 産業の長期均衡における市場需要量を求めなさい．

(4) 産業の長期均衡における参入企業数を求めなさい．

【解答のヒント】
- 企業は長期限界費用と価格が等しくなる生産量を選択する．
- すべての企業の費用曲線が同一の場合，産業の長期均衡においては，企業の利潤はゼロになる（価格＝長期平均費用）．
- 以上から長期均衡では長期限界費用と長期平均費用は等しくなる．これは，企業が長期平均費用の最小値で操業することを意味する．
- 均衡価格は損益分岐価格に等しくなる．
- 市場需要量を満たすように企業数 n が決まる．

$$n = \frac{D}{X}$$

練習問題

6.1 完全競争市場における企業の短期と長期の生産決定について以下の問題を解答しなさい．

① 短期における企業の平均費用曲線（AC），平均可変費用曲線（AVC）をU字型として図に描いた上で，限界費用曲線（MC）を描きなさい．なお解答の際は，3つの曲線の位置関係に注意しなさい．

② 長期における企業の平均費用曲線（LAC）をU字型として図に描いた上で，長期限界費用曲線（LMC）を描きなさい．

③ ある生産量において，価格が限界費用と等しかったとしよう．ただし，限界費用曲線は（与えられた水平な）価格線を上から通過しているものとする．このような場合，企業はどのように生産量を調整するだろうか，その理由とともに答えなさい．

④ 価格と限界費用が等しい生産水準で，価格が平均費用を下回っているとしよう．このような場合における，企業の短期と長期の対応の違いを，その理由とともに答えなさい．

⑤ ①の図に企業の短期供給曲線を描きなさい．

⑥ ②の図に企業の長期供給曲線を描きなさい．

6.2 完全競争市場における，ある企業の長期費用関数（C）が次のように与えられているとしよう．

$$C = X^3 - 6X^2 + 18X$$

① 財の価格が18のとき，企業の利潤を最大にする生産量を求めなさい．

② ①で求めた生産量を用いて，企業の利潤を求めなさい．

③ 他の企業の費用関数がこの企業と同一としよう．長期均衡におけるこの企業の生産量を求めなさい．

④ 損益分岐価格を求めなさい．

⑤ 市場需要関数が $D = 120 - 10P$ で与えられるとしよう．このときの，長期均衡における参入企業数を求めなさい．

第7章
独　占

Outline

これまでは多数の生産者が同質の財を生産するため，個々の生産者が市場で成立する価格を受け入れて行動するケースを考えてきた．第7章では，生産者が1社しか存在しないケースを考える．これを**独占**という．

独占企業は生産量を調整して需要曲線上で価格を設定できる．この意味で，独占企業は**価格設定者（プライス・メーカー）**になる．

独占状態を放置しておくと，生産量（取引量）が過小に陥り，効率的な資源配分が実現されない．すなわち，独占の死荷重が生じる．

7.1 独占企業と需要曲線

例題7.1　空欄に適切な言葉を入れなさい．

ある財の市場需要曲線が右下がりであるとしよう．この市場が完全競争の場合，競争企業は価格 ［　A　］ 者であるから，個々の企業は，市場で決定される価格で ［　B　］ な形状の需要曲線に直面する．

一方，市場が独占の場合，独占企業は価格 ［　C　］ 者であるから，右 ［　D　］ がりの市場需要曲線に直面する．すなわち，独占企業が生産量を減少させると，価格は ［　E　］ 曲線に沿って上昇し，生産量を増加させると，価格は ［　E　］ 曲線に沿って低下する．

【解答のヒント】
- 競争企業は与えられた市場価格で望むだけ販売することができる．
- 独占市場が均衡するとき，独占企業の生産量は市場の需要量に等しくなる．このとき，独占価格は需要曲線上で決定される．

- 独占企業は財の生産量を調整し，独占価格を変えることができる．

7.2 独占企業の行動

例題 7.2 表 7.1 は，ある独占企業の生産量と費用の関係を表している．（A）から（C）の空欄に適切な数値を埋め，表 7.1 を完成しなさい．

表 7.1 独占企業の生産と費用

生産量（需要量）	価格	収入	費用	限界収入	限界費用
0	12	0	0		
				11	1
1	11	(A) 〔　〕	1		
				(B) 〔　〕	3
2	10	20	4		
				7	5
3	9	27	9		
				5	7
4	8	32	16		
				3	9
5	7	35	25		
				1	11
6	6	36	36		
				(C) 〔　〕	13
7	5	35	49		
				−3	15
8	4	32	64		
				−5	17
9	3	27	81		
				−7	19
10	2	20	100		
				−9	21
11	1	11	121		
				−11	23
12	0	0	144		

【解答のヒント】
- 表 7.1 の最初の 2 列（生産量，価格）は生産量が増加すると，需要曲線に沿って価格が低下していくことを示している．
- 独占企業の収入は，生産量が少ない間は，生産量とともに増加する．生産量が 6 のときに収入は最大になり，生産量がそれより多くなると，生産量とともに収入は減少する．

例題 7.3 表 7.1 の数値例を参考にして，以下の問題を解答しなさい．

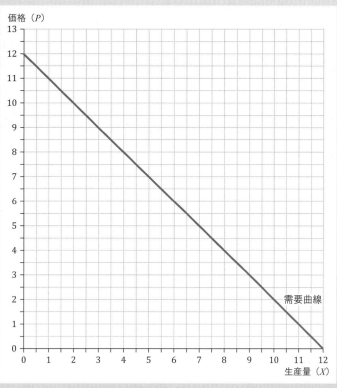

図 7.1 独占企業の需要曲線，限界収入曲線，限界費用曲線

(1) 限界収入曲線，限界費用曲線を図 7.1 に描きなさい．

(2) 独占企業が利潤を最大にする生産量に○印をつけなさい．

(3) 独占企業が設定する価格（独占価格）に□印をつけなさい．

【解答のヒント】
- 表 7.1 から，独占企業が生産量を 0 単位から 1 単位に増加したときの限界収入は 11 になる．図 7.1 では，横軸の 0 単位と 1 単位の中間，すなわち 0.5 単位のときに限界収入が 11 になるように示そう．同様に，横軸の 1 単位と 2 単位の中間（1.5 単位）に，独占企業が生産量を 1 単位から 2 単位に増加したときの限界収入（9）を示すようにする．以下この作業を続け，これらの組み合わせを結ぶと限界収入曲線を得る．限界費用曲線も同様の作業により得られる．
- 競争企業同様に限界収入と限界費用が等しいときに，利潤が最大になる．
- 独占企業は需要曲線上で価格を設定する．すなわち，**独占価格**は利潤を最大にする生産量における需要曲線の高さに等しくなる．
- 独占価格は限界費用より高くなる．

例題7.4 独占企業が直面する需要関数（D）と独占企業の費用関数（C）が次のように与えられるとしよう．

$$D = 12 - P$$

$$C = \frac{1}{2}X^2$$

(1) 収入関数（R）を導出しなさい．

(2) 収入関数を用いて，限界収入関数（MR）を求めなさい．

(3) 独占企業の利潤最大化条件は限界費用＝限界収入になる．この関係を用いて，独占企業の利潤が最大になる生産量を求めなさい．

(4) (3)で求めた生産量を需要関数に代入し，独占価格を求めなさい．

【解答のヒント】

- 数式モデルを用いて，限界費用と限界収入が等しくなるときに独占企業の利潤が最大になることを確認してみよう．
- 市場が均衡するとき，独占企業の生産量Xは需要量Dに等しくなる．このことを考慮して，需要関数を価格について解くと，$P=P(X)$と表せる．この関係式は**逆需要関数**と呼ばれる．逆需要関数から価格は需要量（生産量X）の増加とともに低下する．例題7.4の場合，逆需要関数は$P=12-X$になる．
- この価格（逆需要関数）と生産量Xを掛け合わせることにより，Xに依存する収入関数$R=P(X)X$が求められる．
- 収入関数を生産量Xで微分すると，次式のような限界収入（関数）を得る．

$$\frac{dR}{dX}=P'(X)X+P$$

- 競争企業の場合は限界収入は価格に等しい（右辺第2項のみ）．それに対し，独占企業の場合は，生産量増加により価格が低下してしまうため，限界収入が価格より低下する（$P'(X)<0$）．このことは，右辺第1項の符号がマイナスになることで確認できる．
- 右辺第2項Pは逆需要関数$P=P(X)$を示している．右辺第1項の符号はマイナスになるから，限界収入曲線は需要曲線より下方に位置することになる．
- 独占企業の費用関数を$C=C(X)$と表すと，独占企業の利潤は$\Pi=P(X)X-C(X)$と表せる．
- 独占企業の利潤最大化問題は次のように表現される．

$$\max_{X} \Pi=P(X)X-C(X)$$

- 利潤最大化条件は，利潤関数をXについて微分し，それをゼロと置くことにより求まる．

$$\frac{d\Pi}{dX}=P'(X)X+P-C'(X)=0$$

- この条件から，独占企業の利潤最大化条件は次式を満たす．

$$P>P'(X)X+P=C'(X)$$

- すなわち，価格＞限界収入＝限界費用の関係を得る．

例題 7.5 図 7.2 を参考にして，以下の問題を解答しなさい．

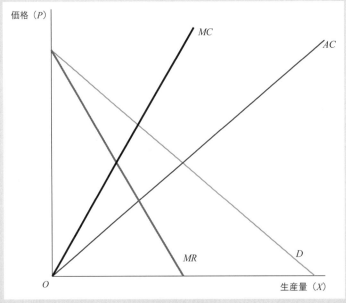

図 7.2 独占利潤

(1) 図 7.2 に独占企業の利潤が最大になる生産量 X_M および独占価格 P_M を示しなさい．

(2) 図 7.2 に生産量 X_M における平均費用の大きさ AC_M を縦軸上に示しなさい．

(3) 図 7.2 に独占企業の利潤を示しなさい．

【解答のヒント】
- 競争企業同様に独占企業の利潤（**独占利潤**）は $(P-AC)X$ で表現される．

7.3 独占の非効率性

例題7.6 図7.3において独占企業が利潤を最大にする生産量 X_M を選択し，価格を P_M に設定しているとしよう．

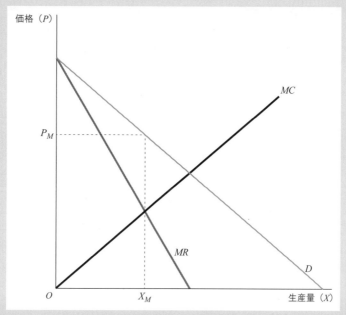

図7.3 独占市場の余剰分析

(1) 消費者余剰，独占企業の生産者余剰，独占の死荷重を図7.3に示しなさい．

(2) 効率性の観点から独占市場を評価しなさい．

【解答のヒント】
- 社会的余剰が最大になるのは限界便益と限界費用が等しくなる取引量になる．
- 限界便益は需要曲線（D）の高さで示される．
- 生産量 X_M において限界便益は限界費用より大きい．このことは取引量を増やすことにより社会的余剰を増やす余地があることを意味する．

7.4 独占価格と需要の価格弾力性

例題7.7 以下の問題を解答しなさい.

(1) 独占企業の限界収入を表す式

(7.1) $$MR = P + \frac{dP}{dX}X$$

を展開して,次式

(7.2) $$MR = P\left(1 - \frac{1}{e_D}\right)$$

が成立することを確認しなさい.ただし,e_D は次式に示されるように,需要の価格弾力性を表している.

$$e_D = -\frac{dD}{dP} \times \frac{P}{D}$$

(2) 以下の空欄に適切な言葉を入れなさい((A),(C),(E),には正,ゼロ,負のいずれかが入る).

(7.2) 式から,需要の価格弾力性が1のときは,限界収入は [A] になるため,生産量を変化させても収入は [B] しない.需要の価格弾力性が1より大きいときは,限界収入が [C] になるため,生産量を [D] すことにより収入を増加できる.需要の価格弾力性が1より小さいときは,限界収入が [E] になるため,生産量を [D] すと収入は減少する.

例題 7.8 以下の問題を解答しなさい．

（1） 独占企業は

$$\frac{P-MC}{P}=\frac{1}{e_D}$$

が成立するように価格を設定することを，(7.2) 式（例題 7.7）を用いて示しなさい．なお，この式の左辺はラーナーの独占度と呼ばれる．

（2）（A）から（E）の空欄に適切な数値を埋め，表 7.2 を完成しなさい．

表 7.2 需要の価格弾力性とラーナーの独占度

需要の価格弾力性	ラーナーの独占度
1.25	0.8
2	(A) 〔　　〕
4	(B) 〔　　〕
5	(C) 〔　　〕
10	(D) 〔　　〕
100	(E) 〔　　〕

（3） 以下はラーナーの独占度と需要の価格弾力性の関係について述べたものである．空欄に適切な言葉を入れなさい．

需要の価格弾力性が [　　]^A なるにつれ，ラーナーの独占度は [　　]^B なる．

【解答のヒント】

- 限界収入と限界費用が等しいときに，独占企業の利潤が最大になる．
- **ラーナーの独占度**とは企業の価格支配力を示す指標であり，限界費用が価格に比べ何パーセント低いかを示す．
- 各競争企業は水平な需要曲線に直面する．このことは需要の価格弾力性が ∞ であることを意味する．このとき，ラーナーの独占度は0に近づく．

例題7.9 独占企業が2つの異なったグループ（第1グループと第2グループ）に対して価格差別を実施しているとしよう．第1グループの逆需要関数 (P_1)，第2グループの逆需要関数 (P_2)，独占企業の費用曲線 (C) を次のように仮定する．

$$P_1 = 100 - D_1$$
$$P_2 = 180 - 4D_2$$
$$C = 20(X_1 + X_2)$$

ただし，X_1 は第1グループの生産量，X_2 は第2グループの生産量を示している．

(1) それぞれのグループに対して独占企業が設定する価格 (P_1, P_2) を求めなさい．

(2) 価格差別を実施したときのそれぞれのグループの均衡における需要の価格弾力性 (e_{D1}, e_{D2}) を求めなさい．

(3) 以下は価格弾力性と設定された価格との関係について述べたものである．空欄に適切な言葉を入れなさい．

需要の価格弾力性が小さいグループには □A い価格を，需要の価格弾力性が大きいグループには □B い価格を設定している．

【解答のヒント】
- 需要の価格弾力性の異なるグループに異なる価格で財を販売することを**価格差別**という．
- 独占企業は各グループからの限界収入と限界費用が等しくなるように生産量を決定する．
- 市場均衡では各グループの生産量と需要量は等しくなるため，独占企業の生産量を各グループの逆需要関数に代入することで，各グループが直面する価格を導くことができる．
- 価格差別を実施するには，高価格に直面したグループが低価格に直面したグループに財を転売し，利益を上げられないことが条件になる．

7.5 自然独占と価格規制

例題7.10 ある産業において財を消費者に供給するには初期にネットワークを構築する資本設備（水道，電力，ガスなど）が必要であり，ネットワーク構築のために投下した資金は長期においても回収できないものとしよう．ここで，この財を生産する企業1の費用関数が $C(X_1) = 2X_1 + 20$ で与えられているとする．

(1) 表7.3の（A）と（B）に適切な数値を記入しなさい．

表7.3 ネットワーク産業の費用

生産量	費用（企業1）	平均費用（企業1）	費用（企業1＋企業2）
0	20		(C) 〔　　〕
1	22	22	42
2	24	(A) 〔　　〕	(D) 〔　　〕
3	26	8.7	46
4	28	(B) 〔　　〕	48
5	30	6	50
6	32	5.3	52
7	34	4.9	54
8	36	4.5	56
9	38	4.2	58
10	40	4	60

続く➡

(2) 図 7.4 に企業 1 の平均費用曲線を描きなさい.

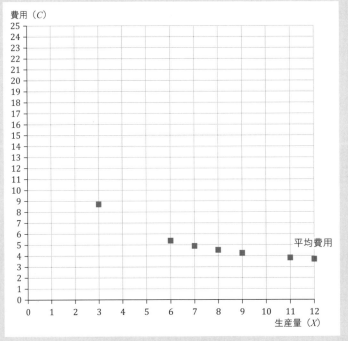

図 7.4　平均費用逓減産業

(3) 空欄に適切な言葉を入れなさい.

　図 7.4 に示された生産量の範囲においては規模の [　　　] が働いている.

(4) 企業 1 と同一の費用関数 $C(X_2)=2X_2+20$ を持つ企業 2 が市場に参入したとしよう. 市場供給量を $X=X_1+X_2$ とし, 2 企業の費用の合計 $C(X_1)+C(X_2)$ を計算し, **表 7.3** の（C）と（D）に適切な数値を記入しなさい.

(5) 空欄に適切な言葉を入れなさい.

　1 企業で財を生産する費用が 2 企業以上で財を生産する費用よりも小さくなるとき, その産業は [　　　] 独占であるという.

【解答のヒント】

- 長期平均費用が生産量の増加につれて低下する産業を**平均費用逓減産業**という.
- ネットワーク構築のために投下した資金は, 生産量に依存せず, かつ回収できない固定費用である. このような費用を**サンク・コスト（埋没費用）**と呼ぶ. このサンク・コストが非常に大きいため, 平均費用が生産量の増大とともに低下する.
- 仮に市場の需要量が 10 単位で, これを企業 1 の生産量でまかなえば平均費用は 4 で済む.

しかし，企業2も参入し，需要量10単位を仮に各企業が半分ずつの生産量（5単位）でまかなうと各企業の平均費用は6に上昇する．
- 平均費用逓減産業では企業数が増え，1企業あたりの生産量が少なくなると，平均費用が増大する．
- $X = X_1 + X_2$ であるから，2企業の費用の合計は次式のようになる．

$$C(X_1) + C(X_2) = 2(X_1 + X_2) + 40 = 2X + 40$$

- サンク・コストは2倍になるが，可変費用が2倍にならないため，$C(X_1) + C(X_2)$ は $C(X_1)$ の2倍に一致しない．しかし，どのような生産量でも企業1のみが生産したときよりも費用は高くなる．

例題7.11 図7.5を参考にして，以下の問題を解答しなさい．

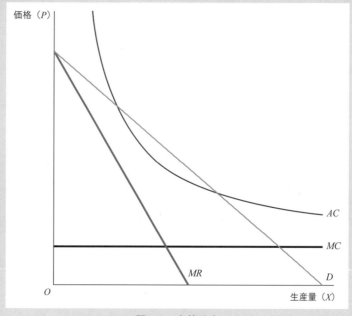

図7.5　自然独占

(1) 図7.5に平均費用逓減産業の利潤が最大になる生産量 X_M および独占価格 P_M を示しなさい．

(2) 図7.5に消費者余剰，生産者余剰，独占の死荷重を示しなさい．

(3) 効率性の観点から自然独占に対して何ら規制を実施しないことを評価しなさい．

例題7.12 図7.6において政府が価格を需要曲線と限界費用曲線に交わる水準に規制し，その需要量に見合う生産量の販売を義務づけたとしよう．

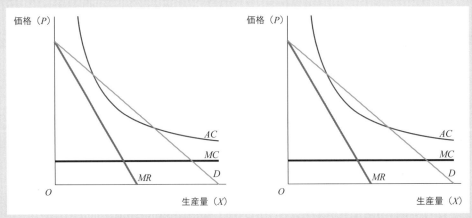

図7.6（A） 限界費用価格規制　　　図7.6（B） 企業の赤字

（1）図7.6（A）に限界費用価格規制が実施されたときの価格P_Cと生産量X_Cを示しなさい．

（2）図7.6（A）に社会的余剰を示しなさい．

（3）効率性の観点から限界費用価格規制を評価しなさい．

（4）図7.6（B）に限界費用価格規制が実施されたときの平均費用の大きさAC_Cを縦軸上に示した上で，企業の赤字を示しなさい．

【解答のヒント】
- 図7.6では生産者余剰はゼロになり，社会的余剰は消費者余剰に一致する．
- **限界費用価格規制**が実施されたときの生産量X_Cにおいて，価格P_Cが平均費用AC_Cを下回る．
- 企業の赤字を埋めるために政府が補助金を用いることが考えられる．
- 補助金の財源は税金に求められるが，課税にともない死荷重が発生する可能性がある．
- 企業は費用を削減して利潤を高める誘因があるが，赤字がいつでも補填されるとき，このような努力は必要なくなる．これを**X非効率**という．

例題7.13 図7.7において政府が需要曲線と平均費用曲線が交わる水準に価格を規制し，その需要量に見合う生産量の販売を義務づけたとしよう．

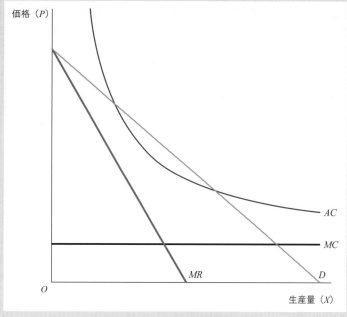

図7.7 平均費用価格規制

(1) 図7.7に平均費用価格規制が実施されたときの価格P_Aと生産量X_Aを示しなさい．

(2) 図7.7に消費者余剰，生産者余剰，価格規制の死荷重を示しなさい．

(3) 平均費用価格規制の下での企業の利潤を答えなさい．

(4) 自然独占の効率水準と限界費用価格規制の効率水準を考慮しながら，効率性の観点から平均費用価格規制を評価しなさい．

【解答のヒント】
- 企業は赤字が発生しないように保証されているため，**平均費用価格規制**の下でも費用削減努力の誘因を持たない．

練習問題

7.1 独占企業が直面する需要曲線（D）を右下がりと仮定し，限界収入曲線（MR），右上がりの限界費用曲線（MC）を図に描きなさい．また，この図に独占企業の利潤が最大になる生産量 X_M および独占価格 P_M を示しなさい．最後に，この図に社会的余剰を最大にする生産量（取引量）X^* を示した上で，独占の死荷重を示しなさい．

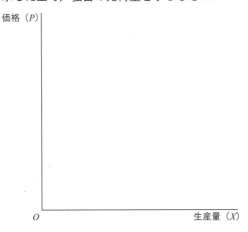

7.2 独占企業の費用関数（C）と需要関数（D）が次のように与えられているとしよう．

$$C = 40X^3 - 340X^2 + 1100X$$

$$D = 11 - \frac{1}{100}P$$

① 企業の限界費用関数を求めなさい．

② 企業の限界収入関数を求めなさい．

③ 独占企業の利潤が最大になる生産量を求めなさい．

④ 独占価格を求めなさい．

7.3 限界費用が一定（水平に描ける）の自然独占を考えよう．自然独占企業が直面する需要曲線（D）を右下がりと仮定し，平均費用曲線（AC），限界費用曲線（MC）を図に描きなさい．また，政府が限界費用価格規制を実施したときの企業の赤字を塗りつぶしなさい．

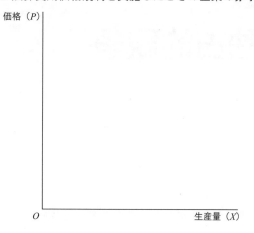

第8章
寡占と独占的競争

Outline

第8章では，**不完全競争市場**のうち，**寡占市場**と**独占的競争市場**を学ぶ．

寡占市場では，生産者が数社しか存在しない．第8章では，主に生産者が2社しか存在しないケースを扱う．これを**複占**と呼ぶ．

寡占市場では，各企業はライバル企業の戦略（生産量）を考慮しながら，自らの利潤が最大になるように戦略（生産量）を決定する．

不完全競争市場の分析には**ゲーム理論**が有益である．ゲーム理論の初歩的な考え方を紹介する．

独占的競争市場では，たくさんの企業が存在するが，生産する財の品質が差別化されているため，各企業は独占企業のように価格設定者になる．しかし，短期的に利潤がプラスになると，多数のライバル企業が財の品質を模倣するため，完全競争同様に，長期的な利潤は低下する．

完全競争および不完全競争の市場構造は以下の**表8.1**のようにまとめることができる．

表 8.1　市場構造

	完全競争	不完全競争		
		独占	寡占	独占的競争
企業数	多い	1社	数社	多い
財の品質の差別化	なし	なし	なし	あり

8.1 独占市場の特徴

例題 8.1 独占企業の費用関数（C）と需要関数（D）が次のように与えられているとしよう．

$$C = 2X$$
$$D = 14 - P$$

(1) 図 8.1 に独占企業の限界費用曲線（MC），限界収入曲線（MR），需要曲線（D）を描き，独占企業の利潤が最大になる生産量に○印，そのときの独占価格に□印をつけなさい．

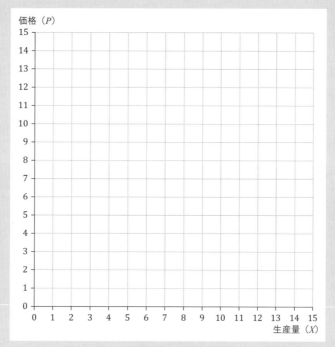

図 8.1　独占

(2) 消費者余剰，生産者余剰（独占利潤），社会的余剰の大きさを計算し，**表 8.2** を完成しなさい．

表 8.2　独占の余剰分析

	独占
消費者余剰	(A) 〔　　　〕
生産者余剰（独占利潤）	(B) 〔　　　〕
社会的余剰	(C) 〔　　　〕

【解答のヒント】
- 費用関数から固定費用はないため，独占利潤と生産者余剰は一致する．

8.2 寡　占

（i） カルテル

例題 8.2 例題 8.1 の市場が独占市場ではなく，2 社の企業（企業 1 と企業 2）によって支配される寡占市場であるとしよう．ただし，企業 1 の費用関数（C_1）と，企業 2 の費用関数（C_2）は次のように表せるものとする．

$$C_1 = 2X_1$$
$$C_2 = 2X_2$$

(1) 仮に寡占企業があたかも独占企業のように協調し，得られる利潤を等分するように行動する場合，各企業の生産量および利潤の大きさがいくらになるか計算し，**表 8.3** を完成しなさい．

表 8.3 カルテルを形成したときの利潤

	寡占企業 1	寡占企業 2
カルテルを形成したときの生産量	3	(A) 〔　　　〕
カルテルを形成したときの利潤	(B) 〔　　　〕	(C) 〔　　　〕

(2) 効率性の観点から，寡占企業がカルテルを形成した状態と独占の状態のどちらが望ましいか答えなさい．

【解答のヒント】
- 寡占企業が，例えば企業間で価格や販売量を取り決めるなど，協調して行動することは**カルテル**を形成することを意味する．
- 例題 8.2 のケースでは，消費者が直面する価格，販売量は独占の状態と変わらない．

(ii) カルテル形成の失敗

例題8.3 例題8.2の寡占市場を考える．企業2の生産量が3のとき，企業1がカルテルを破り，生産量を4に増産したとしよう．

(1) 市場価格がいくらになるか計算しなさい．

(2) 企業1の利潤を計算し，**表8.4**の空欄にその値を示しなさい．

表8.4 カルテルを破ったときの利潤

	寡占企業1
カルテルを守ったときの利潤	18
カルテルを破ったときの利潤	〔　　　〕

(3) 企業1はカルテルを守る誘因があるか，その理由とともに答えなさい．

【解答のヒント】
- 市場価格は需要曲線上で決定される．
- 市場供給量は企業1の供給量と企業2の供給量を足し合わせた数になる（$X=X_1+X_2$）．
- 均衡においては需要（D）と供給（X）が一致するため，需要関数（$D=14-P$）の左辺の需要量Dに市場供給量を代入すれば，市場価格を求めることができる．
- 市場価格は市場供給量における需要曲線上（**図8.1**）の高さに等しくなる．
- (3)において，企業1がカルテルを守るか否かは，カルテルを守ったときの利潤と破ったときの利潤の大小関係に依存する．

例題8.4 例題8.2の寡占市場において，次の状況1から3を考える．
（状況1）企業1がカルテルを破り，生産量4を選択しただけでなく，企業2もカルテルを破り，生産量4を選択する．
（状況2）企業1がカルテルを守り，生産量3を選択するが，企業2はカルテルを破り，生産量4を選択する．
（状況3）企業2はカルテルを破り，生産量4を選択する．企業1は生産量を4から5に増産する．

(1) 市場価格がそれぞれいくらになるか計算し，表8.5を完成しなさい．

表8.5 状況別の市場価格

状況	企業1の生産量	企業2の生産量	市場価格
1	4	4	(A) 〔　　〕
2	3	4	(B) 〔　　〕
3	5	4	(C) 〔　　〕

(2) 企業1の利潤をそれぞれ計算し，表8.6を完成しなさい．

表8.6 状況別の企業1の利潤

状況	企業1の利潤
1	(A) 〔　　〕
2	(B) 〔　　〕
3	(C) 〔　　〕

(3) 企業2がカルテルを守らず，生産量4を選択しているとき，企業1はカルテルを守り，生産量3を選択する誘因があるか，その理由とともに答えなさい（状況1と状況2の比較の問題）．

(4) 企業2がカルテルを守らず，生産量4を選択しているとき，企業1もカルテルを守らず，さらに生産量を5に増産する誘因があるか，その理由とともに答えなさい（状況1と状況3の比較の問題）．

続く ➡

【解答のヒント】
- 例題 8.3 と例題 8.4 は企業 1 の行動を中心に分析しているが，企業 2 は企業 1 と対称的な企業（同一の費用関数）であるため，企業 1 と企業 2 を差し替えても結論は同じになる．
- 価格が変化しないときに，増産により限界収入が増加する効果を**産出効果**と呼ぶ．一方，増産により価格が低下し，限界収入が減少する効果を**価格効果**と呼ぶ．
- 寡占企業は，ライバル企業の生産量に応じて，産出効果と価格効果の大きさを考慮して，増産するか否かを決定する．

例題 8.5 例題 8.2 の寡占市場において，企業 1 と企業 2 の両企業がカルテルを破り，生産量 4 を選択したとしよう．

（1）このときの市場供給量と市場価格の組み合わせを図 8.2 に示しなさい．

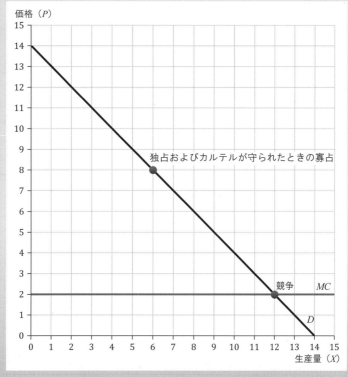

図 8.2 カルテルが破られたときの寡占

続く ➡

(2) 消費者余剰，社会的余剰の大きさを計算し，**表8.7**を完成しなさい．

表 8.7 寡占の余剰分析

	寡占
消費者余剰	(A) 〔　　　〕
企業1の生産者余剰（利潤）	16
企業2の生産者余剰（利潤）	16
社会的余剰	(B) 〔　　　〕

(3) 効率性の観点から，カルテルが破られたときの寡占が独占の状態（社会的余剰の大きさ54）に比べて望ましいか答えなさい．

【解答のヒント】
- カルテルが破られることにより，価格が低下するため，消費者は需要量を増加し，消費者余剰が拡大する．
- カルテルが破られたとしても，価格が限界費用より高いため，社会的余剰は最大にはならない．

8.3 クールノー・モデル

例題 8.6 同一の費用技術を持つ2社の企業が存在し，数量競争をしているとしよう．市場需要関数（D）と各企業の費用関数（C_1, C_2）は次のように表せるとする．

$$D = 14 - P$$
$$C_1 = 2X_1$$
$$C_2 = 2X_2$$

(1) 企業1と企業2の利潤関数（Π_1, Π_2）を示しなさい．

続く➡

(2) 企業1と企業2の反応関数を求めなさい．

(3) ナッシュ均衡（クールノー・ナッシュ均衡）における財の価格（P^C）と各企業の生産量（X_1^C, X_2^C）を求めなさい．

(4) 図8.3に企業2の反応曲線を書き加え，クールノー・モデルのナッシュ均衡を示しなさい．

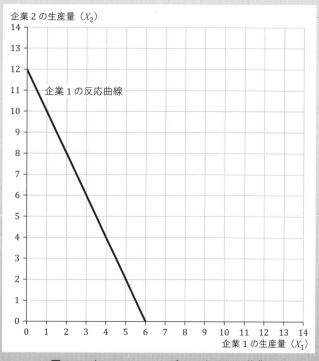

図 8.3　クールノー・モデルのナッシュ均衡

【解答のヒント】
- 数量競争では，企業はライバル企業の生産量を与えられたものとして，自企業の利潤を最大にするように生産量を決定する．また，自企業の生産量を変えても，ライバル企業の生産量は変化しないと考える．このモデルは**クールノー・モデル**と呼ばれる．

- 逆需要関数が $P=a-bX$（ただし，$a>0$，$b>0$）で与えられているとしよう．ここで，X は企業1と企業2の供給量の合計である（$X=X_1+X_2$）．企業1の費用が c_1X_1（ただし，$c_1>0$）で表されると仮定すると，企業1の利潤は次のようになる．

$$\Pi_1=\{a-b(X_1+X_2)\}X_1-c_1X_1$$

- 利潤を最大にする企業1の生産量は，限界収入（$MR=a-2bX_1-bX_2$）と限界費用（$MC=c_1$）が等しくなるように決定される．

$$a-2bX_1-bX_2=c_1$$

- この式を X_1 について解くと次のようになる．

$$X_1=\frac{a-c_1}{2b}-\frac{1}{2}X_2$$

- すなわち最適な生産量 X_1 は，企業2の生産量 X_2 に応じて変化する．この関係式を**反応関数**と呼ぶ．
- 企業2の反応関数も同様に導くことができる．すなわち，企業2の最適な生産量 X_2 は企業1の生産量 X_1 の関数になる．
- 2企業の反応関数を連立方程式として解（生産量の組み合わせ）を求める．この解がナッシュ均衡（X_1^C, X_2^C）になる．
- **ナッシュ均衡**とは，他の経済主体が選択した戦略を所与とした場合，どの経済主体も，自分の戦略を変更することによってより高い利得を得ることができない戦略の組み合わせのことである．

例題 8.7 表8.8のゲームのナッシュ均衡における戦略の組み合わせを答えなさい．

表8.8 企業1と企業2の寡占ゲーム

		企業2	
		生産量3（カルテル）	生産量4（カルテル破り）
企業1	生産量3（カルテル）	(18, 18)	(15, 20)
	生産量4（カルテル破り）	(20, 15)	(16, 16)

表の括弧内の値は左が企業1の利得，右が企業2の利得を表す．

企業1が生産量 ◻A で企業2が生産量 ◻B という戦略の組み合わせ．

【解答のヒント】

- ゲーム理論では，ゲームに登場する経済主体を**プレイヤー**（参加者）と呼ぶ．このゲームの場合は企業1と企業2がプレイヤーになる．
- **表8.8**のように表現されるゲームは**標準型ゲーム**と呼ばれる．
- プレイヤーが取った行動の結果として得られる利益や損失を**利得**と呼ぶ．
- 企業2が生産量3のとき，企業1は生産量3と生産量4のどちらを選択すれば利得（利潤）が大きくなるかを考える．このとき，大きい利得の値に下線を引くと良い．
- 同様に，企業2が生産量4を選んだときの，企業1の利得が大きくなる選択肢を考える．次に，企業1の生産量を所与として，企業2の利得が大きくなる選択肢を考える．
- 1つのますに2本の下線が引かれていれば，これに対応する戦略の組み合わせがナッシュ均衡になる．
- ある経済主体の取る戦略が，他の経済主体の取る戦略に関わらず利得が大きいとき，その戦略を**支配戦略**と呼ぶ．**表8.8**は支配戦略が存在するゲームになっている．

【解説】

- 標準型ゲームは，次の**図8.4**のような**ゲーム・ツリー**（ゲームの木）で表現できる．

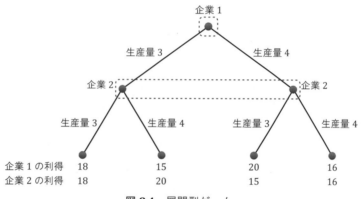

図 8.4 展開型ゲーム

- ゲーム・ツリーで表現されるゲームを**展開型ゲーム**と呼ぶ．
- ゲームは一番上の**始点**（木の根っこを表すルーツ）から一番下の**終点**（木の葉を表すリーフ）へ進む．終点以外の点は**分岐点**（ノード，手番）と呼ばれる．
- プレイヤーが自分の手番のときに選ぶことのできる選択肢を**行動**と呼ぶ．**図8.4**では，プレイヤーが取り得る行動は分岐点をつないでいる線で表されている．この線は枝と呼ばれる．
- 各分岐点から出ている枝の数は2本である．すなわち，各プレイヤーが取り得る行動は「生産量3（カルテル）」か「生産量4（カルテル破り）」の2つである．
- 分岐点を含む点線は**情報集合**と呼ばれる．**図8.4**のように，1つの情報集合に複数の分岐点が含まれることがある．この場合，企業2はどちらの分岐点にいるかを知らずに行動を起こさなくてはいけないことが表現されている．このようなゲームは**不完全情報ゲーム**と呼ばれる．

- このゲームでは，企業2は企業1がどのような行動を取ったか分からず行動を起こすため，順番は重要ではない．このことは，企業2は企業1と同時に行動を起こしていると考えられる．そこで，このようなゲームを**同時手番ゲーム**と呼ぶ．このゲームの場合は，**図8.4**の企業1と企業2を置き換えて表現しても構わない．
- ゲームの開始時に，それ以降の情報集合においてプレイヤーが取り得るすべての行動を示したものを**戦略**と呼ぶ．
- 企業1と企業2は，自分の情報集合に到達したら，「生産量3」と「生産量4」のどちらかを選ぶ．したがって，企業1と企業2の戦略は「生産量3」と「生産量4」の2つである．

例題8.8 空欄に適切な言葉を入れなさい．

表8.8（例題8.7）のゲームのナッシュ均衡において，企業1も企業2も生産量4を選ぶ結果，どちらの企業も生産量3を選ぶときよりも利得が［　A　］なっている．このような現象を［　B　］と呼ぶ．

【解答のヒント】

- (B) は，警察に捕まった2人の共犯者が，別々の取り締まり室で沈黙を保てば刑が軽くなるにも関わらず，自分だけが自白すると，刑が軽くなる誘因が与えられているため，結果的に2人とも自白してしまい，重い刑が科せられる状況を指す．

例題8.9 同一の費用技術を持つn社の企業が存在し，クールノーの数量競争をしているとしよう．市場需要関数（D）と各企業の費用関数（C_i, $i=1, 2, \cdots, n$）は次のように表せるとする．

$$D = 14 - P$$
$$C_i = 2X_i$$

(1) 企業iの利潤（Π_i）関数を示しなさい．ただし，他の企業の生産量の合計はX_{-i}（$X_{-i} = X_1 + \cdots + X_{i-1} + X_{i+1} \cdots + X_n$）として表現しなさい．

(2) 企業iの最適生産量（X_i^C）を企業数nの関数として求めなさい．

続く➡

(3) ナッシュ均衡における財の価格(P^C)を企業数nの関数として求めなさい.

(4) 企業数nが大きくなると,財の価格はどのように変化するか答えなさい.

【解答のヒント】

- 逆需要関数が$P=a-bX$(ただし,$a>0$,$b>0$)で与えられているとしよう.ここで,Xは各企業が供給する生産量を足したものであり,$X=X_i+X_{-i}$が成立する.各企業の限界費用がc(ただし,$c>0$)で表されると仮定すると,企業iの利潤は次のようになる.

$$\Pi_i = \{a-b(X_i+X_{-i})\}X_i - cX_i$$

- 企業iは他の企業の生産量を一定として利潤を最大にする生産量X_iを,限界収入($MR=a-2bX_i-bX_{-i}$)と限界費用($MC=c$)が等しくするように決定する.

$$a-2bX_i-bX_{-i}=c$$

この式をX_iについて解くと,次式のような企業iの反応関数を得る.

$$X_i = \frac{a-c}{2b} - \frac{1}{2}X_{-i}$$

- 企業が対称的であることに注意すると,ナッシュ均衡では企業iを除く残りの企業も同じX_iだけ生産する.残りの企業数は$(n-1)$であるから,X_{-i}は次のように表せる.

$$X_{-i} = (n-1)X_i$$

- これを企業iの反応関数に代入することにより,企業iの最適生産量X_i^Cを計算できる.

$$X_i^C = \frac{a-c}{(n+1)b}$$

- 均衡においては供給量の総計は$X=nX_i^C$になる.このX_i^Cに上で求めた最適生産量を代入すると,Xを企業数nの関数として表せる.この関係式を需要関数に代入すると,ナッシュ均衡における財の価格P^Cは次のようになる.

$$P^C = a - \frac{(a-c)n}{(n+1)} = c + \frac{a-c}{(n+1)}$$

- 企業数が無限に大きくなると,右辺の第2項の分母が無限大なるため,第2項はゼロに近づき,価格P^Cは限界費用cに等しくなるように決定される.これは完全競争市場の状態と同じであり,**クールノーの極限定理**と呼ばれる.

- **図 8.5**（例題 8.11）には企業数が 2 のときのクールノー均衡が示されている．企業数が増えていくと，需要曲線を沿って，**図 8.5** のクールノー均衡から競争均衡に向かっていく．そして，企業の数が無限に大きいとき，クールノー均衡は競争均衡に一致する．

8.4 シュタッケルベルグ・モデル

例題 8.10 企業 1（先導者）が先に生産量を決定し，次に企業 2（追随者）が生産量を逐次決定するような状況を考える．市場需要関数（D）と各企業の費用関数（C_1, C_2）は例題 8.6 と等しくし，以下の問題を解答しなさい．

(1) 企業 2 の利潤（Π_2）最大化問題および反応関数（$X_2 = f(X_1)$）を求めなさい．

(2) 企業 1 の利潤（Π_1）最大化問題および最適生産量（X_1^S）を求めなさい．

(3) 企業 2 の最適生産量（X_2^S）を求めなさい．

(4) 市場価格（P^S）を求めなさい．

続く ➡

(5) 各企業の利潤を計算し，表8.9を完成しなさい．

表8.9 クールノー・モデルとシュタッケルベルグ・モデルの利潤の比較

	クールノー	シュタッケルベルグ
企業1の利潤	16	(A) 〔　　　　〕
企業2の利潤	16	(B) 〔　　　　〕

(6) 以下は，表8.9より企業1と企業2の利潤について考察したものである．空欄に適切な言葉を入れなさい．

　　　　　　　　　　　　　　A・モデルにおいては，企業1は最初に生産量を拡大することによって，　　　　　　　　B・モデルより大きな利潤を確保できる．一方，企業2は，この企業1の戦略のため，残される市場が小さくなり，　　　　　　　　B・モデルに比べて利潤が小さくなる．

【解答のヒント】

- このモデルは**シュタッケルベルグ・モデル**と呼ばれる．
- 追随者の企業2は企業1の生産量を所与として，最適な生産量を決定する．したがって，企業2の利潤関数はクールノー・モデルの際に求めた利潤関数と等しくなる．
- 先導者の企業1は企業2の反応関数（$X_2^S = f(X_1)$）を所与として，生産量を決定する．
- 例題8.6の解答のヒントに示された関数例を用いれば，企業1の利潤関数は次のようになる．

$$\Pi_1 = \{a - b(X_1 + X_2)\}X_1 - c_1 X_1$$

- この式のX_2に反応関数

$$X_2 = \frac{a - c_1}{2b} - \frac{1}{2}X_1$$

の右辺を代入すれば，企業1の利潤関数は企業1の生産量X_1だけの関数になる．
- 利潤を最大にする生産量は次式の関係を満たす．

$$\frac{d\Pi_1}{dX_1} = 0$$

- 企業1の最適生産量（X_1^S）を企業2の反応関数に代入すれば，企業2の最適生産量（X_2^S）が求まる．
- 企業1はクールノー・モデルに比べて生産量を拡大する．この結果，企業2は価格効果が大きくなることを恐れ，生産量をクールノー・モデルに比べて縮小する．

例題 8.11 例題8.10のシュタッケルベルグ・モデルを前提として以下の問題を解答しなさい．

(1) シュタッケルベルグ・モデルの市場供給量と市場価格の組み合わせを**図8.5**に示しなさい．

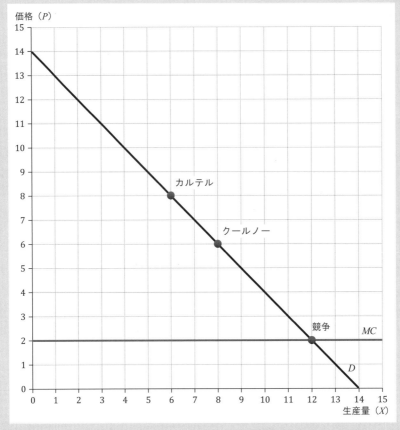

図 8.5 シュタッケルベルグ・モデルにおける価格と取引量の組み合わせ

(2) 消費者余剰，社会的余剰の大きさを計算し，**表8.10**を完成しなさい．

表 8.10 シュタッケルベルグ・モデルの余剰分析

	クールノー	シュタッケルベルグ
消費者余剰	32	（A）〔　　　〕
企業1の生産者余剰（利潤）	16	18
企業2の生産者余剰（利潤）	16	9
社会的余剰	64	（B）〔　　　〕

例題 8.12 図 8.6 の展開型ゲームについて以下の問題を解答しなさい．

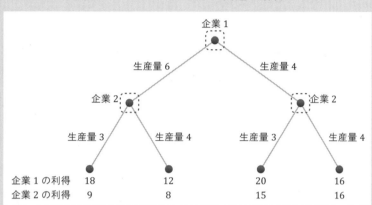

図 8.6 逐次手番ゲームの展開型ゲームによる表現

(1) 部分ゲーム完全均衡を図 8.6 の枝を太く描くことによって示しなさい．

(2) 部分ゲーム完全均衡を満たす戦略の組み合わせを答えなさい．

企業 1 は生産量 [A]，企業 2 は「企業 1 が生産量 [B] であれば生産量 [C]，企業 1 が生産量 [D] であれば生産量 [E]」という戦略の組み合わせ．

【解答のヒント】

- 企業 1 が取り得る行動は「生産量 6」か「生産量 4」の 2 つであり，企業 2 が取り得る行動は「生産量 3」か「生産量 4」の 2 つである．
- 図 8.6 のゲームには 3 つの情報集合がある．図 8.4 とは異なり，企業 2 は企業 1 が取った行動を知った上で行動する．1 つの情報集合に複数の節が含まれていないゲームは**完全情報ゲーム**と呼ばれる．また企業 2 は企業 1 の後に行動するため，このような順番のあるゲームは**逐次手番ゲーム**と呼ばれる．
- 企業 1 の戦略は「生産量 6」と「生産量 4」の 2 つになる．それに対して，企業 2 は左の情報集合に到達したときには，「生産量 3」か「生産量 4」のいずれかの行動を，右の情報集合に到達したときにも「生産量 3」か「生産量 4」のいずれかの行動を取り得るため，企業 2 の戦略は 4 つになる．企業 2 の戦略は，「」の前半を左の情報集合に到達したとき，後半を右のそれに到達したときとすると，①「生産量 3，生産量 3」，②「生産量 3，生産量 4」，③「生産量 4，生産量 3」，④「生産量 4，生産量 4」として表現される．
- **部分ゲーム**とは，単一の分岐点を含む情報集合から始まり，後続のツリー（部分ツリーと呼ぶ）を含むゲームをいう．したがって，もとの展開型ゲームも部分ゲームの一つである．

- 完全情報ゲームはすべての情報集合が単一の分岐点を持つため，どの情報集合も部分ゲームの始点になる．このゲームの場合，図 8.7 に示されるように実線で囲まれた 3 つの部分ゲームが存在する．

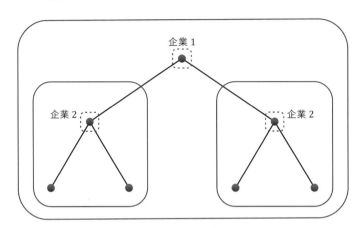

図 8.7　部分ゲーム

- 部分ゲームの完全均衡を求めるときには，ゲームの終点に近い部分ゲームから最適反応を求め，始点に向けて逆向きに解いてゆく．この解き方は**後ろ向き帰納法**（バックワード・インダクション）と呼ばれる．
- 最初に企業 2 の手番から始まる 2 つの部分ゲームのうち左側について考える．企業 2 の利得が高くなる生産量（生産量 3 か 4 のいずれか）の枝を太くするように描く．右側も同様に描く．
- この太線によって到達する企業 1 の利得を考慮して，企業 1 の利得が高くなる生産量（生産量 6 か 4 のいずれか）の枝を太くする．
- プレイヤーの戦略の組み合わせがすべての部分ゲームにおいてナッシュ均衡になっているとき，この戦略の組み合わせは**部分ゲーム完全均衡**と呼ばれる．
- 太い枝で示される戦略の組み合わせが部分ゲーム完全均衡になる．

【解説】
- **表 8.11** は **図 8.6** を標準型ゲームとして表現している．

表 8.11 逐次手番ゲームの標準型ゲームによる表現

		企業2 ①	企業2 ②	企業2 ③	企業2 ④
企業1	生産量6	(18, 9)	(18, 9)	(12, 8)	(12, 8)
企業1	生産量4	(20, 15)	(16, 16)	(20, 15)	(16, 16)

表の括弧内の値は左が企業1の利得，右が企業2の利得を表す．

- **表 8.11** において，企業1は企業2の4つの戦略（①，②，③，④）に対して1つずつ最適な戦略を考える．企業2は企業1の2つの戦略（生産量6，生産量4）に対して1つずつ最適な戦略を考える．
- この結果，**表 8.12** にあるように2本の下線が引かれる箇所が2箇所現れる．

表 8.12 2つのナッシュ均衡

		企業2 ①	企業2 ②	企業2 ③	企業2 ④
企業1	生産量6	(18, <u>9</u>)	(<u>18</u>, <u>9</u>)	(12, 8)	(12, 8)
企業1	生産量4	(<u>20</u>, 15)	(16, <u>16</u>)	(<u>20</u>, 15)	(<u>16</u>, <u>16</u>)

表の括弧内の値は左が企業1の利得，右が企業2の利得を表す．

- したがって，この標準型ゲームには2つのナッシュ均衡がある．一方は，企業1の戦略が「生産量6」，企業2の戦略が②「生産量3，生産量4」の組み合わせである．他方は，企業1の戦略が「生産量4」，企業2の戦略が④「生産量4，生産量4」の組み合わせである．
- しかし，企業2の戦略④「生産量4，生産量4」は企業2の利得を考慮すると合理的な選択とは言えない．なぜなら，企業1が「生産量6」を選択したときには，企業2は「生産量4」ではなく「生産量3」を選択したほうが利得は高くなるからである．
- このような非合理的な選択を含むナッシュ均衡を排除することに役立つのが，部分ゲーム完全均衡という概念である．

8.5 ベルトラン・モデル

例題 8.13 以下はベルトラン・モデルについて述べたものである．空欄に適切な数値を入れなさい．

市場に同質財を供給する2社の企業，企業1と企業2が存在し，企業1の費用関数は $2X_1$，企業2の費用関数は $2X_2$ で表せるものとする．また，市場需要曲線は右下がりに描けるとしよう．仮にこの2社が，自企業が価格を変えても，ライバル企業は価格を変えないと考え，利潤を最大にするように価格を決定すると，ナッシュ均衡における価格は ☐ に等しくなる．

【解答のヒント】
- 企業がライバル企業の価格を与えられたものとして，自企業の利潤を最大にするように価格を決定するモデルを**ベルトラン・モデル**と呼ぶ．
- 限界費用と平均費用が等しくなることに注意すると，企業は価格が限界費用より大きい限り利潤は正になる．
- 同質財であるため，消費者は価格が少しでも安い方から財を購入しようとする．
- 企業2が設定する価格が $P_2>MC$ だとしよう．企業1の価格 P_1 が企業2の価格 P_2 より少しでも高いと，誰も企業1から財を購入しないため，需要量はゼロになる．このため，企業1の利潤はゼロになる．
- 企業2と等しい価格をつけると，企業1は市場需要の一部を獲得できる可能性がある．このとき，利潤はゼロ以上になる．
- 企業1の価格 P_1 が企業2の価格 P_2 より少しでも安いと，市場需要をすべて奪い，$P_2=P_1>MC$ のときの利潤よりも利潤を拡大できる．したがって，企業1は企業2よりも価格を低くしようとする．
- 企業2も同様に，企業1の価格を与えられたものとして，企業1より価格を低くつけようとする．最終的に利潤がゼロになるまで，企業1も企業2も価格を低くしようとする．

例題 8.14 製品が差別化された財を供給する2社の企業，企業1と企業2が存在し，ベルトランの価格競争をしているとしよう．各企業が供給する財の需要関数（D_1, D_2）および各企業の費用関数（C_1, C_2）は次のように表せるとする．

$$D_1=14-P_1+P_2, \quad D_2=14-P_2+P_1$$
$$C_1=2X_1, \quad C_2=2X_2$$

続く➡

（1） 企業1と企業2の利潤（Π_1, Π_2）関数を価格の関数として示しなさい．

（2） 企業1と企業2の反応関数を求めなさい．

（3） ナッシュ均衡（ベルトラン・ナッシュ均衡）における財の価格 P_1^B と P_2^B を求めなさい．

（4） 図8.8に企業2の反応曲線を描き，ベルトラン・モデルのナッシュ均衡を示しなさい．

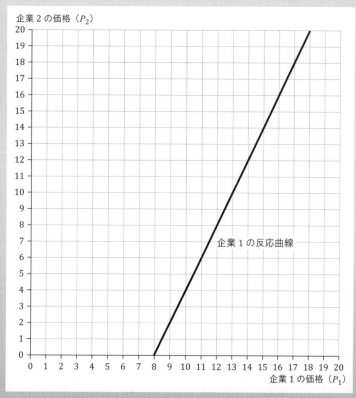

図 8.8 ベルトラン・モデルのナッシュ均衡

【解答のヒント】
- 製品は差別化されているため，各企業は価格設定者になる．
- 需要関数の形状から，自企業の財に対する需要量は，自企業の価格を低下させると増える．しかし，ライバル企業が価格を低下させると減少する．すなわち，製品の需要量は自企業の価格だけでなくライバル企業の価格にも左右される．
- 均衡においては，自企業の生産量は自企業の需要量に一致する．
- 利潤を最大にする企業1の価格は，利潤関数を P_1 について偏微分し，それをゼロと置くことにより求まる．最適価格は，企業2の価格 P_2 の関数として表現できる．
- 企業2の反応関数も同様に導くことができる．
- 2企業の反応関数を連立方程式として解（価格の組み合わせ）を求める．この解がベルトラン・ナッシュ均衡になる．

8.6 独占的競争

例題 8.15 空欄に適切な言葉を入れなさい．

独占的競争市場では，競争市場同様に企業の数は ____A____ いが，企業が供給する財の品質が ____B____ されているという特徴がある．このため，独占市場のように価格をつり上げてもすべての需要を失うわけではない．独占的競争企業は短期的には ____C____ の利潤を獲得できるが，参入退出が自由であるため，長期的には利潤が ____D____ になる．

【解答のヒント】
- 独占的競争企業は独占企業同様に右下がりの需要曲線に直面する．このため，独占競争企業は価格設定者になる．
- 利潤は短期的には独占市場同様の結果を得る．しかし，長期的には競争市場同様の結果になる．

例題 8.16 図 8.9 には，ある企業の長期の平均費用曲線 LAC および長期の限界費用曲線 LMC が描かれている．図 8.9 の限界収入曲線 MR を参考にして，この企業が直面する需要曲線 D を描きなさい．また長期均衡における価格 P_{MC} と生産量 X_{MC} を示しなさい．

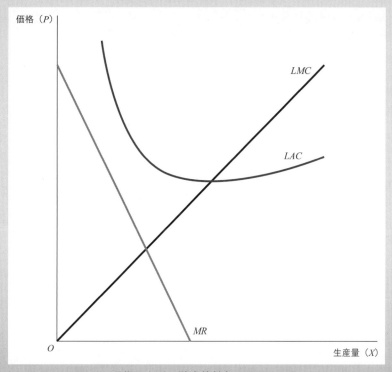

図 8.9　長期における独占的競争企業の利潤最大化

【解答のヒント】
- 需要曲線は限界収入曲線と同じ切片を持つ．
- 独占的競争企業は限界収入と長期の限界費用が等しい水準で生産量を決定する．
- 独占的競争企業は需要曲線上で価格を設定する．すなわち，価格は利潤を最大にする生産量における需要曲線の高さに等しくなる．
- 長期においては，企業の利潤がゼロになるため，価格は長期平均費用と等しくなる．

【解説】
- 独占的競争企業は価格を限界費用より高く設定する．このことは，生産量が効率的な水準（限界費用と価格が等しくなる生産量）より少ないことを意味する．
- 独占的競争市場では，長期における企業の利潤がゼロになるため，絶えず製品差別化を図ろうと試みる．この試みにより，製品が差別化，多様化され，消費者に恩恵をもたらすと考えられている．

練習問題

8.1 同一の費用技術を持つ2社の企業が存在し，市場需要関数（D）と各企業の費用関数（C_1, C_2）が次のように表せるとしよう．
$$D = 56 - 2P$$
$$C_1 = 4X_1$$
$$C_2 = 4X_2$$

① 企業がクールノー競争（同時に生産量を決定するゲーム）をしているとしよう．企業1の反応関数を求めなさい．

② クールノー・ナッシュ均衡における各企業の生産量（X_1^C, X_2^C）と企業1の利潤（Π_1^C）を求めなさい．

③ 企業がシュタッケルベルグ競争（逐次に生産量を決定するゲーム）をしているとしよう．企業1を先導企業，企業2を追随企業とし，均衡における各企業の生産量（X_1^S, X_2^S）を求めなさい．

④ クールノー競争の企業1の利潤に比べて，シュタッケルベルグ競争の企業1の利潤（Π_1^S）がどれだけ変化（増加または減少）するか求めなさい．

8.2 図のように，企業1が生産量を決定し，その後に企業2が市場に参入するかしないかを決定する展開型ゲームについて考える．

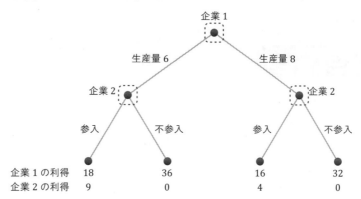

① 部分ゲーム完全均衡を図の枝を太く描くことによって示しなさい．

② 部分ゲーム完全均衡を満たす戦略の組み合わせを答えなさい．

8.3 独占的競争市場について以下の問題を解答しなさい．
① 企業数，財の品質，潜在企業の参入についての特徴を述べなさい．

② 独占的競争企業が直面する需要曲線（D）を右下がりと仮定し，限界収入曲線（MR），右上がりの長期限界費用曲線（LMC）とU字型の長期平均費用曲線（LAC）を図に描きなさい．また，長期均衡における価格 P_{MC} と生産量 X_{MC} を示しなさい．

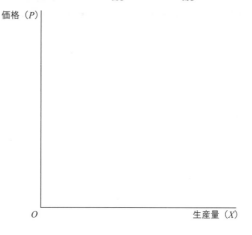

第9章
消費者行動

Outline

第1章では，消費者は，ある1つの財の消費量を，その財の価格を所与として，消費者余剰が最大にするように決定した．

第9章では，財の数を2種類に増やし，かつ予算の制約を明示的に考える．

消費者行動のイメージ図は図9.1の通りである．

図 9.1　消費者行動

2財の価格は所与とする．与えられた予算の範囲以内で，2財の支出額をまかなう．

消費者は，2財の消費量の組み合わせを，予算を制約として効用が最大になるように決定する．

9.1 効用関数と無差別曲線

例題9.1　ある消費者の効用 U は，次式の効用関数に示されるように X 財の消費量 X と Y 財の消費量 Y に依存しているとしよう．

$$U = X^{\frac{1}{2}} Y^{\frac{1}{2}}$$

続く ➡

（1）**表9.1**は，消費者の効用を3に保つX財とY財の消費量の組み合わせを示している．（A）と（B）の空欄にはY財の消費量，（C）と（D）の空欄には限界代替率（MRS）を計算し，**表9.1**を完成しなさい．

表9.1 効用を3に保つX財とY財の消費量の組み合わせと限界代替率

X	Y	MRS
1	9	
		(C) [4.5]
2	(A) [4.5]	
		(D) [1.5]
3	(B) [3]	
		0.75
4	2.25	
		0.45
5	1.8	

（2）**図9.2**には，消費者の効用が2および4のときの無差別曲線が，それぞれU_2とU_4として示されている．**表9.1**を参考にして，消費者の効用が3のときの無差別曲線U_3を描きなさい．

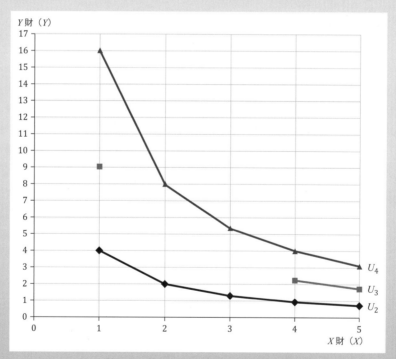

図9.2 効用の大きさ別の無差別曲線

【解答のヒント】

- **効用関数**は財の消費量から得られる消費者の満足度の水準を表している．一般的には，$U=U(X, Y)$ で表現される．
- 「第1章 市場と資源配分」とは異なり，効用は貨幣で計測できる必要はない．
- **無差別曲線**とは同じ効用を達成する消費の組み合わせを示す曲線である．
- 消費者の効用を3に保つためには Y は $Y=9/X$ を満たさなければならない．
- 無差別曲線が右下がり（傾きがマイナス）に描かれるのは，一方の財を追加的に増やすと，効用が増加するため，効用を一定に保つには他方の財を減らしてもよいという消費者の選好を反映している．
- **限界代替率**（Marginal Rate of Substitution, MRS）は無差別曲線の傾きの絶対値で表現される．
- 限界代替率とは，同一の無差別曲線上において消費者が一方の財を追加的に1単位多く手に入れるために，あきらめてもよい（交換してもよい）他方の財の量をいう．
- 限界代替率は，消費者個人の主観的な財の交換比率を表す．

例題 9.2 空欄に適切な言葉を入れなさい．

(1) 図9.2（例題9.1）から無差別曲線が上方に位置するほど効用は ____ なる．

(2) 図9.3において A 点と B 点は同じ ____ ^{A} 曲線上にあるため消費者の ____ ^{B} は同じになる．他方，A 点と C 点も同じ ____ ^{A} 曲線上にあるため消費者の ____ ^{B} は同じになる．このことは，C 点は B 点に比べ，____ ^{C} 財も ____ ^{D} 財も ____ ^{E} が多いにも関わらず，同じ ____ ^{B} しかもたらさないことを意味する．これは，消費者は ____ ^{E} が多くなるほど ____ ^{B} が高くなるという仮定に矛盾する．したがって，____ ^{A} 曲線は交わらない．

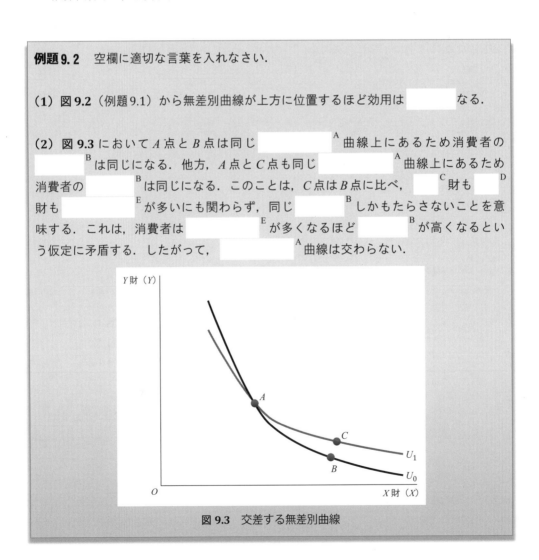

図 9.3 交差する無差別曲線

【解答のヒント】
- 消費量が多いほど，消費者の効用は上がると仮定されている．
- 仮にX財の消費量を固定すると，上方に位置する無差別曲線ほど，Y財の消費量が多くなる．
- 無差別曲線は互いに交わらない性質を持つ．
- 無差別曲線が交わることがないのは，消費量が多くなるほど効用が上がるという仮定に矛盾するからである．

例題9.3 横軸にX財の消費量，縦軸にY財の消費量をとると，無差別曲線の傾きは$\Delta Y/\Delta X$と表せる．この傾きにマイナスの符号を掛け合わせた値が限界代替率（$-\Delta Y/\Delta X = MRS$）と呼ばれる．限界代替率は（9.1）式のように2財の限界効用の比率で示すことができる．

（9.1）
$$MRS = \frac{MU_X}{MU_Y}$$

以下では**図9.4**を用いて（9.1）式が成立することを示そう．

(1) A点からX財の消費量をΔXだけ増やし，B点に移動したとしよう．この消費量の増加により，効用はU_0からU_1に，X財の限界効用の大きさだけ増加する．ここで，この効用の増加を$\Delta U = U_1 - U_0 > 0$と表そう．X財の限界効用は$\Delta U/\Delta X = MU_X$と表現できるため，ΔUは次の（9.2）式のように表せる．

（9.2）　$\Delta U =$

(2) B点からY財の消費量をΔY（$\Delta Y < 0$）だけ変化させ，C点に移動したとしよう．この消費量の減少により，効用はU_1からU_0に，Y財の限界効用の大きさだけ減少する．ここで，この効用の減少を$-\Delta U = -(U_1 - U_0) < 0$と表そう．$\Delta Y < 0$に注意すると，$Y$財の限界効用は$-\Delta U/\Delta Y = MU_Y$と表現できる．したがって，$\Delta U$は次の（9.3）式のように表せる．

（9.3）　$\Delta U =$

(3) （9.2）式の左辺と（9.3）式の左辺は等しいため，（9.2）式の右辺と（9.3）式の右辺は（9.4）式のように等しくなる．

（9.4）

続く➡

(4) (9.4) 式を $-\Delta Y/\Delta X$ の形にまとめると，(9.5) 式を得る．

$$(9.5) \quad -\frac{\Delta Y}{\Delta X}=$$

(9.5) 式の左辺は**図 9.4** の線分 AC の傾きにマイナスの符号を掛け合わせた値である．これは MRS を意味する．したがって，(9.5) 式の左辺を MRS に置き換えれば，(9.1) 式を得る．

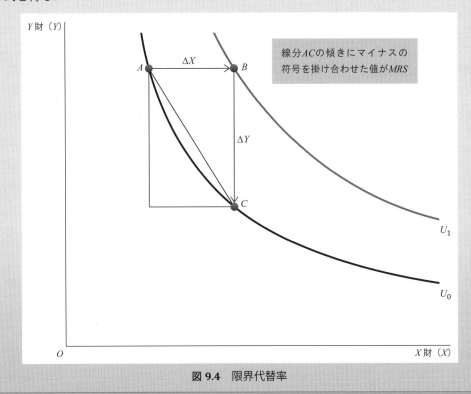

図 9.4 限界代替率

【解答のヒント】
- 数学的には，限界代替率は無差別曲線の接線の傾きにマイナスの符号を掛け合わせた値になる（**図 9.5**）．

例題9.4 以下は図9.5においてB点の限界代替率（B点における接線の傾きの絶対値）がA点の限界代替率よりも小さくなることを，限界効用逓減の法則の考え方を用いて述べたものである．空欄に適切な言葉を入れなさい．

B点はA点に比べて，[____]^A 財の消費量が多く，[____]^B 財の消費量が少ない．

限界効用逓減の法則から，このことは，B点はA点に比べて[____]^A 財の限界効用が小さく，[____]^B 財の限界効用が大きいことを意味する．

したがって，B点はA点に比べて，(9.1)式の分子が小さく，分母が大きくなるため，B点の[____]^C はA点の[____]^C よりも小さくなる．

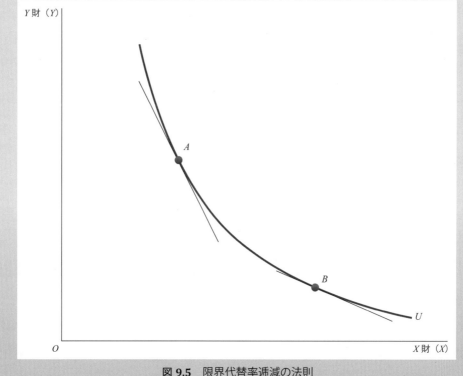

図9.5　限界代替率逓減の法則

【解答のヒント】
- 解答は，簡単化のため2階の交差偏微分をゼロと仮定している．
- 図9.5に示されるように，一般に無差別曲線は原点に対して内側にふくらむ（原点に対して凸になる）と考えられている．これは，限界代替率は無差別曲線に沿って逓減していくことに等しい．

例題 9.5 ある消費者の効用関数 (U) が次のように表せるとしよう.

$$U = \frac{3XY}{X+Y}$$

(1) X財の限界効用 (MU_X) を計算しなさい.

(2) Y財の限界効用 (MU_Y) を計算しなさい.

(3) 限界代替率 (MU_X/MU_Y) を計算しなさい.

【解答のヒント】
- 各財の限界効用は,他の財の消費量を固定して,効用関数を当該財の消費量について偏微分することにより求まる.

9.2 予算制約線

例題 9.6 消費者の予算制約式が次のように表せるとしよう.

$$4X + 2Y = 24$$

続く ➡

(1) (A) から (C) の空欄に適切な数値を埋め，**表9.2** を完成しなさい．

表9.2 消費者の所得が 24 のときに消費可能な X 財と Y 財の組み合わせ

所得	X財の量	X財への支出（$4X$）	Y財の量	Y財への支出（$2Y$）
24	0	0	(A) 〔　　〕	24
24	2	8	(B) 〔　　〕	16
24	4	16	(C) 〔　　〕	8
24	6	24	0	0

(2) 予算制約式を Y について解きなさい．

(9.6)

(3) (9.6) 式を**図9.6**に示しなさい．

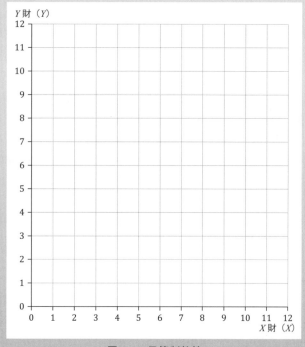

図9.6 予算制約線

【解答のヒント】
- 所得（額）は支出（額）に等しくなる．支出はX財への支出とY財への支出の和になる．
- 各財の支出は財の価格と財の消費量の積として表せる．
- X財の価格をP_X，Y財の価格をP_Y，消費者の所得（予算）をIとすると，消費者の予算制約式は次のようになる．

$$P_X X + P_Y Y = I$$

- 表9.2から，予算が一定になるため，一方の消費量を増やすと，他方の消費量を減らさなければならないことが確認できる．
- **予算制約線**は，予算を一定に保つ消費量の組み合わせを示す．
- 予算制約式（線）の傾きは次式のように財の**相対価格**（価格化，P_X/P_Y）にマイナスの符号を掛け合わせた値になる．

$$Y = -\frac{P_X}{P_Y}X + \frac{I}{P_Y}$$

- 原点と予算制約線で囲まれた三角形は**消費可能集合**（**消費可能領域**）と呼ばれる．

例題9.7 図9.6（例題9.6）を参考にして，空欄に適切な言葉を入れなさい．

(1) 縦軸の切片は所得をすべて ◻A 財の消費に使ったときの ◻A 財の消費量を示している．他方，横軸の切片は所得をすべて ◻B 財の消費に使ったときの ◻B 財の消費量を示している．

(2) 予算制約線上では，X財の消費量を1単位増やすと，Y財の消費量を ◻A 単位あきらめなければならない．このあきらめなければならない財の量は，予算制約線の傾きの絶対値を示す財の ◻B に等しい．

【解答のヒント】
- X財の価格は4（円）であるから，消費者はX財を1単位増やすには4（円）必要になる．この追加的な支出4（円）を捻出するには，消費者はY財をあきらめなければならない．Y財の価格は1単位2（円）であることに注意すると，X財の追加的な支出4（円）を捻出するために必要になるY財の減少量を計算できる．
- (2)（B）の解答（予算制約線の傾きの絶対値）は，市場における財の客観的な交換比率を表している．

例題 9.8 当初の予算制約式が（9.6）式（例題 9.6）のように示されているとしよう．

(1) 消費者の所得が 24 から 32 に増加したときの予算制約式を Y について解きなさい．

（9.7）

(2) 消費者の所得が 24 から 12 に減少したときの予算制約式を Y について解きなさい．

（9.8）

(3) （9.7）式の予算制約線を I_2，（9.8）式の予算制約線を I_0 として，それらを図 9.7 に描きなさい．

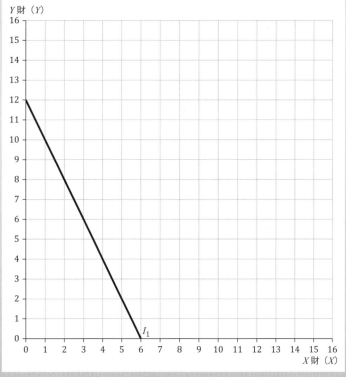

図 9.7 所得の変化と予算制約線のシフト

【解答のヒント】
- 所得の変化にともない，予算制約線の縦軸の切片（定数項）が変化する．
- 財の価格は変化しないため，予算制約線の傾きは変化しない．
- 他の条件を一定として，所得の変化は予算制約線を平行にシフトさせる．
- 所得の増加は消費可能集合を拡大させ，所得の減少は消費可能集合を縮小させる．

例題9.9 当初の予算制約式が（9.6）式（例題9.6）のように示されているとしよう．

(1) X財の価格が4から2に低下したときの予算制約式をYについて解きなさい．

（9.9）

(2) X財の価格が4から8に上昇したときの予算制約式をYについて解きなさい．

（9.10）

(3) （9.9）式の予算制約線をI_2，（9.10）式の予算制約線をI_0として，それらを図9.8に描きなさい．

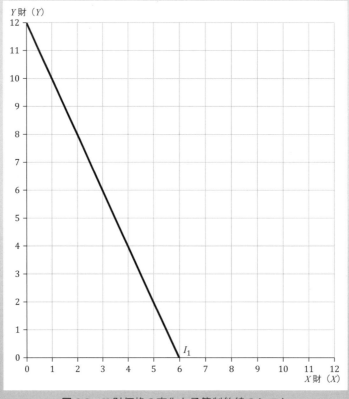

図9.8 X財価格の変化と予算制約線のシフト

【解答のヒント】
- 所得は変化しないため，予算制約線の縦軸の切片（定数項）は変化しない．
- 価格の変化にともない，相対価格が変化する．このため，予算制約線の傾き（Xにかかる係数）が変化する．
- 価格の低下は消費可能集合を拡大させ，価格の上昇は消費可能集合を縮小させる．

9.3 効用最大化と最適消費

例題 9.10 図 9.9 を参考にして,以下を解答しなさい.

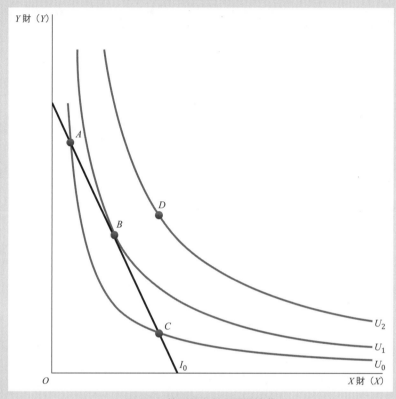

図 9.9 効用最大化と最適消費

(1) 空欄に適切な言葉を入れなさい.

① 予算制約線 I_0 の下で,効用が最大になるのは ☐ 点である.

② D 点を通る無差別曲線は,①の最適点を通る無差別曲線よりも ☐^{A} に位置するため,効用が大きくなる.しかし,この D 点は予算制約線(消費可能集合)の ☐^{B} に位置するため消費できない.

③ A 点と C 点は,予算を使い切っているが,これらの点を通る無差別曲線は,①の最適点を通る無差別曲線よりも ☐ に位置するため,より小さい効用しかもたらさない.

(2) 最適消費点においては,次式の関係が成立している.

$$\tag{9.11}$$

【解答のヒント】
- （1）において選択された点は最適点と呼ばれる．
- （4）は無差別曲線の傾きと予算制約線の傾きに着目する問題である．

【解説】
- （9.11）式の関係式は次の消費者の制約付き効用最大化問題を解くことによって求めることができる．

$$\max_{X,Y} U = U(X, Y)$$
$$\text{subject to } P_X X + P_Y Y = I$$

- 「subject to」とは，右側に表れる条件式を制約とすることを意味する．単に「s.t.」と省略されることが多い．
- 「消費者は，予算Iを制約として，効用が最も大きくなるXとYの組み合わせを選択する」ことを，上の効用最大化問題は意味している．
- この問題はラグランジュ（未定）乗数法を用いて解くことができる．
- ラグランジュ関数を作成すると次のようになる．

$$L = U(X, Y) + \lambda [I - (P_X X + P_Y Y)]$$

ここで，λはラグランジュ（未定）乗数である．

- ラグランジュ関数の3つの未知変数（X, Y, λ）について偏微分し，それをゼロに等しく置き，それらを連立方程式で解くことにより未知変数の値を求めることができる．

(9.12) $\quad L_X = MU_X - \lambda P_X = 0$

(9.13) $\quad L_Y = MU_Y - \lambda P_Y = 0$

(9.14) $\quad L_\lambda = I - (P_X X + P_Y Y) = 0$

- （9.12）式と（9.13）式を整理することにより次式の関係を得る．

(9.15) $\quad \dfrac{MU_X}{MU_Y} = \dfrac{P_X}{P_Y}$

- （9.15）式の左辺は（9.5）式から限界代替率（MRS）を表しているため，（9.15）式の関係式は（9.11）式の関係式に等しい．
- 最適な消費量は，（9.15）式と（9.14）式（予算制約式）を満たすように決定される．

例題 9.11 図 9.10 の A 点および C 点で示される消費量の組み合わせでは，効用を最大化していないことを以下の問題の空欄に数値を入れることで示しなさい．

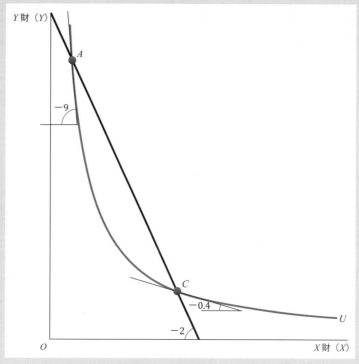

図 9.10 限界代替率と相対価格が一致しない場合

（1）消費者は，A 点から X 財の消費量を追加的に 1 単位増やしたとき，効用を一定に保つためには，Y 財の消費量を [　]^A 単位あきらめてもよいと考えている．一方，市場では，同一の予算の下で，Y 財の消費量を [　]^B 単位あきらめれば，A 点から X 財の消費量を追加的に 1 単位増加できる．したがって，消費の組み合わせを予算制約線上に沿って右下に移ることで，消費者は [　]^C 単位分の Y 財の消費量を実際にはあきらめなくてもよい分だけ得する．したがって，A 点は効用最大化していない．

（2）消費者は C 点から Y 財の消費量が [　]^A 単位増えれば，X 財の消費量を追加的に 1 単位あきらめてもよいと考えている．一方，市場では，同一の予算の下で，X 財の消費量を追加に 1 単位あきらめれば，Y 財の消費量を [　]^B 単位増やすことができる．したがって，消費の組み合わせを予算制約線上に沿って左上に移ることで，消費者は [　]^C 単位分の Y 財の消費を得する．したがって，C 点は効用最大化していない．

【解答のヒント】

- 限界代替率と相対価格が一致しないときに，効用が最大化されていないことを，限界代替率と相対価格の大きさを比較することで示す問題．
- 図9.10のA点のように，限界代替率が相対価格を上回るとき，予算制約線に沿って右下に移動すると，限界代替率と相対価格の差だけ，あきらめてもよいと考えていたY財の消費より多くY財を消費できる．
- 図9.10のC点のように，限界代替率が相対価格を下回るとき，予算制約線に沿って左上に移動すると，相対価格と限界代替率の差だけ，あきらめてもよいと考えていたY財の消費より多くY財を消費できる．

例題9.12 X財の価格を1，Y財の価格を4，消費者の所得を60，消費者の効用関数 (U) を

$$U = \frac{3XY}{X+Y}$$

として，以下の問題を解答しなさい．

(1) 最適消費点において成立する関係式を求めなさい．

(2) 効用を最大にするX財の消費量 (X^*) とY財の消費量 (Y^*) を計算しなさい．

(3) (2) の値を用いて，最大効用 (U^*) を計算しなさい．

【解答のヒント】

- (1) の関係式は例題9.10の (9.11) 式を参照すること．
- 2個の未知数X^*とY^*は (1) で示される関係式と予算制約式 ($X+4Y=60$) の2本の式を連立することにより求めることができる．
- 最大効用U^*はX^*とY^*の値をそれぞれ効用関数のXとYに代入することにより求めることができる．最大効用は**間接効用**と呼ばれる．

例題 9.13 図 9.11 の予算制約線 I_0 は，X 財の価格を 8，Y 財の価格を 2，消費者の所得を 24 として描かれている．また，消費者の最適点は E_0 点で示されている．

(1) 他の条件を一定として，X 財の価格が 4 に低下した場合，最適点はどの点に移るだろうか．図 9.11 に X 財の価格低下後の新しい予算制約線 I_1 を描いた上で，最適点 E_1 を示しなさい．

(2) 他の条件を一定として，X 財の価格が 2 に低下した場合，最適点はどの点に移るだろうか．図 9.11 に X 財の価格低下後の新しい予算制約線 I_2 を描いた上で，最適点 E_2 を示しなさい．

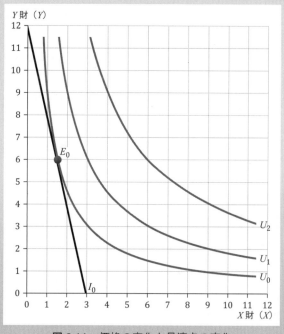

図 9.11 価格の変化と最適点の変化

【解答のヒント】
- 他の条件を一定として，X 財の価格が低下すると，消費者の最適点はより高い効用を示す無差別曲線上に移動する．

【解説】
- 図 9.11 の無差別曲線は次式のような**コブ・ダグラス型効用関数**に基づき描かれている．

$$U = X^\alpha Y^\beta$$

ただし，$\alpha = \beta = 1/2$ としている．

- コブ・ダグラス型の効用関数を想定し，予算制約付きの効用最大化問題を解くことにより，次のようなX財の需要関数（X）とY財の需要関数（Y）を得ることができる．

$$X = \frac{\alpha I}{(\alpha + \beta) P_X} = \frac{I}{2P_X}$$

$$Y = \frac{\beta I}{(\alpha + \beta) P_Y} = \frac{I}{2P_Y}$$

- このように，当該財の需要は当該財の価格にしか依存しない．
- このためX財の価格が低下すると，X財の需要量は減少するが，Y財の需要量は変化しない．
- なお，価格の変化と最適消費量の組み合わせの変化の軌跡（E_0，E_1，E_2を結んだ線）は**価格－消費曲線**と呼ばれる．

例題 9.14 図9.11（例題9.13）を参考にして，以下の問題を解答しなさい．

(1) 表9.3の（A）と（B）の空欄に適切な数値を埋め，表を完成しなさい．

(2) 表9.3を参考にして，図9.12にX財の需要曲線Dを描きなさい．

表 9.3 X財の需要表

X財の価格	X財の量
1	12
2	(A) 〔　〕
3	4
4	(B) 〔　〕
5	2.4
6	2
7	1.7
8	1.5

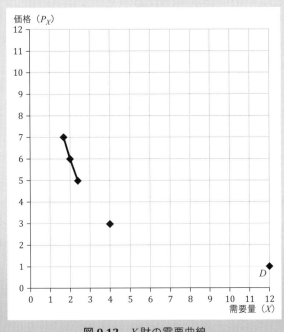

図 9.12 X財の需要曲線

【解答のヒント】
- 他の条件を一定として，X財の価格が低下すると，X財の需要量は増加する．すなわち，需要法則が成立している．

例題9.15 図9.13の予算制約線I_0は，X財の価格を4，Y財の価格を2，消費者の所得を24として描かれている．また，消費者の最適点はE_0点で示されている．

(1) 他の条件を一定として，消費者の所得が48に増加した場合，最適点はどの点に移るだろうか．図9.13に所得増加後の新しい予算制約線I_1を描いた上で，最適点E_1を示しなさい．

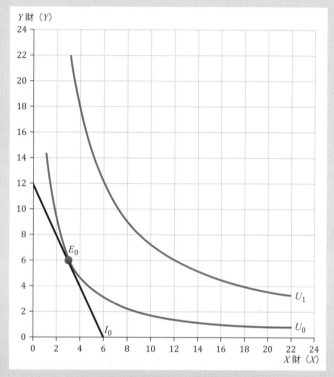

図 9.13 所得の変化と最適点の変化

(2) 消費者にとって，X財は上級財と下級財のどちらに分類されるか，表9.4の（A）に適切な言葉を埋めなさい．同じくY財についても（B）に適切な言葉を埋めなさい．

表 9.4 財の種類

X財の種類	Y財の種類
（A）	（B）

【解答のヒント】
- 他の条件を一定として，消費者の所得が増加すると，最適点はより高い効用を示す無差別曲線上に移動する．

- 所得の増加にともなう消費量の変化の方向により，財の種類が確定する．
- 所得の増加にともない消費量が増加する財を**上級財**（**正常財**），減少する財を**下級財**（**劣等財**）と呼ぶ．

【解説】
- 所得の変化と最適消費の組み合わせの変化の軌跡（E_0, E_1 を結んだ線）は**所得－消費曲線**と呼ばれる．

例題 9.16 図9.13（例題9.15）を参考にして，以下の問題を解答しなさい．

(1) 表9.5の空欄に適切な数値を埋め，所得Iが48のときの需要表を完成しなさい．

(2) 表9.5を参考にして，図9.14に所得Iが48のときのX財の需要曲線D_1を描きなさい．

表 9.5　X財の需要表（$I = 48$）

X財の価格	X財の量
2	12
3	8
4	〔　　〕
5	4.8
6	4
7	3.4
8	3

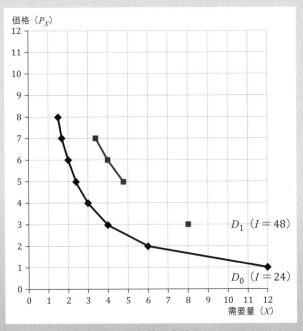

図 9.14　X財の需要曲線のシフト

【解答のヒント】
- 他の条件を一定として，消費者の所得が増加すると，X財の需要曲線はシフトする．

9.4 代替効果と所得効果

例題9.17 図9.15の予算制約線I_0は，X財の価格を9，Y財の価格を3，消費者の所得を36として描かれている．消費者の最適点はE_0点で示され，X財の消費量は1である．ここで，他の条件を一定として，X財の価格が3に低下すると，予算制約線はI_0からI_2へシフトする．この結果，消費者の最適点はE_0点からE_2点に移動し，X財の消費量は1から6に増加する．

(1) 代替効果にともなう新しい最適点をE_1として**図9.15**に示しなさい．その際，この点を導くために調整された予算制約線をI_1として**図9.15**に描きなさい．

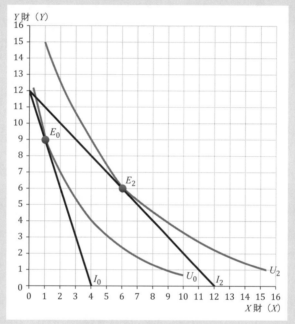

図 9.15 代替効果と所得効果

(2) 図9.15を参考にして，X財およびY財の消費量がどのように変化（増加または減少）するか，代替効果と所得効果に分解して**表9.6**に記入しなさい．最終列には総効果（代替効果と所得効果の和）による変化を記入しなさい．

表 9.6 X財の価格低下にともなうX財およびY財の消費量の変化

財	代替効果	所得効果	総効果
X財	(A)	(B)	(C)
Y財	(D)	(E)	(F)

続く➡

(3) 表 9.6 の (D) の代替効果，および (F) の総効果から，X 財と Y 財の関係について答えなさい．

> 表 9.6 の (D) から，Y 財は X 財の ___A___ 財である．
> 表 9.6 の (F) から，Y 財は X 財の ___B___ 財である．

【解答のヒント】

- X 財の価格低下は，X 財が Y 財に比べて相対的に安くなったことによる消費量の変化と，消費者の購買力（同じ所得額で購入できる消費量のこと）が増加したことによる消費量の変化に分解できる．前者の変化は**代替効果**（$E_0 \to E_1$）と呼ばれ，後者の変化は**所得効果**（$E_1 \to E_2$）と呼ばれる．
- （ヒックスの）代替効果は，価格低下前の無差別曲線上における相対価格の変化に基づく最適点の変化を指す．したがって，E_1 点を導くために調整された予算制約線は I_2 と平行になる．
- 所得効果は，消費者の所得の変化同様に，予算制約線の平行シフトにともなう最適点の変化を指す．
- $E_0 \to E_2$ の総効果とは異なり，$E_0 \to E_1$ の変化は，所得が仮想的に減少している状況を示している．この方法により，価格低下にともなう購買力増加の効果が取り除かれ，相対価格の変化に基づく消費量の変化のみをとらえることができる．他方，$E_1 \to E_2$ の動きは，相対価格を一定として，所得の増加が消費量に与える影響をとらえている．
- X 財の需要曲線は右下がりになる．他方，縦軸に Y 財の価格，横軸に Y 財の需要量を測った Y 財の需要曲線は X 財の価格低下にともない，左方にシフトする．これらは**表 9.6** の総効果から判断できる．
- X 財の価格上昇が，代替効果のみによって Y 財の需要量を増加させたとき，「Y 財は X 財の（純）**代替財**」であるという．X 財の価格上昇が，代替効果と所得効果を合わせて Y 財の需要量を増加させたとき，「Y 財は X 財の**粗代替財**」であるという．

【解説】

- 図 9.15 の無差別曲線は次式のような **CES**（Constant Elasticity of Substitution, 代替の弾力性が一定）**型効用関数**に基づき描かれている．

$$U = (\alpha x^\rho + \beta y^\rho)^{\frac{1}{\rho}}$$

ただし，$\alpha = \beta = 1$，$\rho = 1/2$ としている．

- 代替の弾力性は，X 財の価格が Y 財の価格に対して（相対価格のこと）1% 上昇したときに，効用を維持するために，X 財の需要量が Y 財の需要量に対して（需要量の比率のこと）何% 減らしてもよいかを示す指標である．すなわち，相対価格が変化したときに，無差別曲線上にとどまるために，X 財と Y 財がどの程度代替可能かを知ることができる．

例題 9.18 以下の空欄に適切な言葉を入れなさい．

X 財の価格が低下したときに，ある消費者の X 財の消費量は代替効果により増加したが，所得効果により減少したとしよう．この所得効果の動きにより，この消費者にとって X 財は [____]^A 財になる．仮に，代替効果による消費量の増加が，所得効果による消費量の減少の絶対値を下回ると，この消費者にとって X 財は [____]^B 財になる．[____]^B 財の需要曲線は [____]^C になることが知られている．

【解答のヒント】
- （B）財は，価格が上昇すると，需要量が増加するため，需要法則が成立しない．

【解説】
- 代替効果と所得効果の両方の効果を考慮して導き出された需要曲線は**マーシャルの需要曲線**と呼ばれる．例題 9.18（C）は両効果を考慮したときの形状を質問している．
- 他方，代替効果のみを考慮して導き出された需要曲線は**ヒックスの需要曲線**（補償需要曲線）と呼ばれる．

練習問題

9.1 ある消費者の効用関数（U）が次のように与えられるとしよう．

$$U = X^{\frac{1}{2}} Y^{\frac{1}{2}}$$

① X 財の限界効用，Y 財の限界効用を求めなさい．

② 限界代替率を求めなさい．

③ X 財の価格を 1，Y 財の価格を 4，所得を 128 として与え，消費者は予算を制約として効用が最大になるように財の消費量を決定するとしよう．このときの X 財の最適消費量（X^*）と財の最適消費量（Y^*）を求めなさい．

④ ③で求めたX財の消費量とY財の消費量を効用関数に代入し，最大効用（U^*）の大きさを求めなさい．

9.2 ある消費者のX財とY財の消費量の決定について，以下の問題を解答しなさい．

① 下の図に，横軸にX財の量，縦軸にY財の量を示し，消費者の無差別曲線U_0と予算制約線を描き，最適点E_0とX財の最適消費量X_0を示しなさい．なお，無差別曲線は原点に対して内側にふくらんでいるように描きなさい．

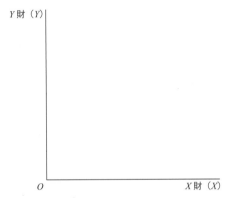

② X財の価格をP_X^0，Y財の価格をP_Y^0として，相対価格を①の図に記入しなさい．

③ 消費者にとってX財は正常財（上級財）であるとしよう．Y財の価格と消費者の所得が一定のままで，X財の価格がP_X^0からP_X^2に低下すると，X財の消費は代替効果と所得効果を通じてどのように変化するだろうか．①の図に代替効果による変化後の最適点E_1とX財の最適消費量X_1，所得効果による変化後の最適点E_2とX財の最適消費量X_2を示しなさい．また，X財の価格低下後の予算制約線や代替効果を示すための補助的な予算制約線も①の図に示しなさい．

④ ③で得られたX財の価格（P_X^0とP_X^2）とX財の需要量（X_0とX_2）の関係からX財の需要曲線D_Xを下の図に描きなさい．

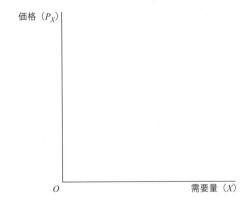

第 10 章
交換経済

Outline

第 10 章では一般均衡分析の基本となる交換経済を考察する．

部分均衡分析では，1 つの財市場の均衡に注目してきた．それに対し，**一般均衡分析**では，複数の財市場（X 財と Y 財）の均衡を同時に考慮する．

交換経済の仕組みは**図 10.1** の通りである．

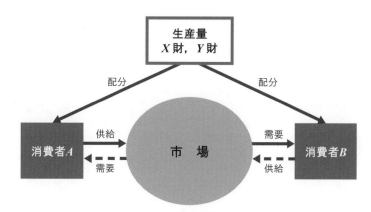

図 10.1　交換経済の仕組み

X 財と Y 財の生産量は固定されていると考える．この固定された財が 2 人の消費者 A と消費者 B に適当に配分される．この初期配分量は**初期保有量**とも呼ばれる．

消費者 A と消費者 B は財の初期保有量をそのまま消費することもできるし，市場で交換（売買）し，配分を変えて消費することもできる．

このように利用可能な財の総量を所与（財の供給については与えられたもの）として，消費のために財の交換だけが行われる経済を，（純粋）**交換経済**と呼ぶ．

第 1 章の部分均衡分析同様に，最も重要なのは，第 10 章の一般均衡分析からも，完全競争市場では効率的な資源配分が実現されることを理解することである．これを**厚生経済学の第 1 基本定理**と呼ぶ．

10.1 交換経済の基本

（i）エッジワース・ボックスと初期保有量

例題10.1 X財の生産量が100，Y財の生産量が60に固定されており，これらを2人の消費者Aと消費者Bに資源配分する状況を考える．

(1) 消費者AのX財とY財の初期保有量を（20, 32）とすると，消費者BのX財とY財の初期保有量 $(\bar{X}_B, \bar{Y}_B)$ はいくらになるか答えなさい．

$\bar{X}_B=$ ☐ $\bar{Y}_B=$ ☐

(2) 図10.2の横軸にX財の生産量，縦軸にY財の生産量をとる長方形（エッジワース・ボックス）を太線で囲みなさい．また，消費者Aの配分が（0, 0）になる点を左下の原点（O_A）で，消費者Bの配分が（0, 0）になる点を右上の原点（O_B）で示し，目盛に数値を記入しなさい．さらに，エッジワース・ボックス内に初期保有点（E点）を示しなさい．

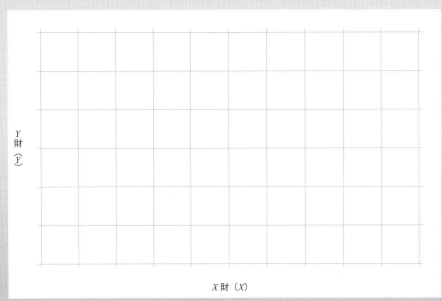

図10.2　交換経済のエッジワース・ボックス

【解答のヒント】

- X 財と Y 財の生産量 ($\bar{X}$, $\bar{Y}$) は，消費者 A と消費者 B の消費量の合計に一致する．したがって，消費者 A と消費者 B の X 財と Y 財の消費量をそれぞれ X_A, Y_A, X_B, Y_B とすると，次式が成立する．

$$\bar{X}=X_A+X_B$$
$$\bar{Y}=Y_A+Y_B$$

- **エッジワース・ボックス**は底辺に X 財の生産量，高さに Y 財の生産量をとる長方形になる．
- エッジワース・ボックスの内部の点は，消費者の間の財の資源配分を示している．
- 左下の原点から右上の方向に移動するに従い，消費者 A の X 財と Y 財の配分量は増加する．一方，右上の原点から左下の方向に移動するに従い，消費者 B の X 財と Y 財の配分量が増加する．

(ii) エッジワース・ボックス内の無差別曲線

例題 10.2 表 10.1 は消費者 B がある一定の効用を保つために必要な X 財と Y 財の消費量の組み合わせを示している．ただし，表中の「−」は Y 財の消費量に関する情報が得られなかったことを意味している．

表 10.1 　U_0^B または U_2^B を保つために必要な X 財と Y 財の消費量の組み合わせ

X	Y	
	U_0^B	U_2^B
10	28	−
20	(Q) 20	−
30	−	−
40	14	54
50	−	−
60	12	(R) 44
70	−	−
80	10	38

続く ➡

(1) 空欄に適切な言葉を入れなさい．

図 10.3 のエッジワース・ボックスには消費者 A の無差別曲線が描かれている．消費者 A の効用は無差別曲線が 　　　　 に位置するほど高くなる．

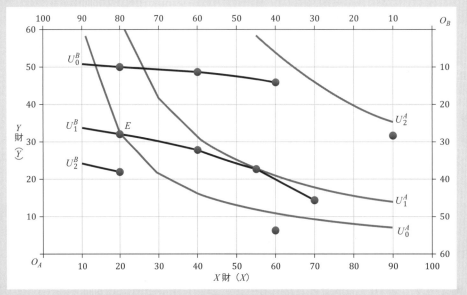

図 10.3　エッジワース・ボックスと無差別曲線

(2) 表 10.1 の（Q）と（R）の値に対応する資源配分を図 10.3 のエッジワース・ボックス内に示し，それぞれ Q 点と R 点としなさい．また，消費者 B の効用が U_0^B および U_2^B のときの無差別曲線を図 10.3 に完成しなさい．

(3) 空欄に適切な言葉を入れないさい．

消費者 B の効用は無差別曲線が 　　　　 に位置するほど高くなる．

【解答のヒント】

- エッジワース・ボックスの右上が消費者 B の原点になるため，消費者 B の無差別曲線は，右上の原点に対して内側にふくらむ曲線になる．

10.2 交換の効率性

(i) パレート効率的な資源分配

例題 10.3 図 10.4 を参考にして，以下の問題を解答しなさい．

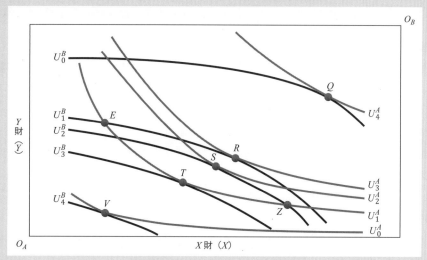

図 10.4 パレート効率的な資源配分

(1) 空欄に適切な言葉を入れなさい．

① E 点から S 点に移動することにより，＿＿＿＿＿＿＿＿＿の効用を上げられる．したがって E 点から S 点への移動によってパレート改善ができる．

② Z 点から T 点に移動することにより，＿＿＿＿＿^{A} の効用を下げずに，＿＿＿＿＿^{B} の効用が上げられる．したがって Z 点から T 点への移動によってパレート改善ができる．

(2) E 点をパレート改善する配分をすべて示すとどのような範囲になるか，図 10.4 に示しなさい．

(3) 以下は，S 点がパレート効率的であるかどうかを R 点または T 点と比較して確認したものである．空欄に適切な言葉を入れなさい．

S 点から R 点への移動は＿＿＿＿＿^{A} の効用を犠牲にして，＿＿＿＿＿^{B} の効用を上げる．また，S 点から T 点への移動は＿＿＿＿＿^{B} の効用を犠牲にして，＿＿＿＿＿^{A} の効用を上げる．このようなことから，S 点はパレート効率的であるといえる．

続く ➡

(4) 図10.4には，S点同様に，パレート効率的な点が4点ある．それらをすべてあげなさい．

　　　　　　　　　　　　　　　　　　　□点，□点，□点，□点

(5) O_A，O_Bを通る契約曲線を図10.4に描きなさい．

【解答のヒント】

- 他の誰かの効用を下げることなく，ある人の効用を上げられることを**パレート改善**と呼ぶ．
- ある資源配分に比べてパレート改善できる資源配分があるようであれば，そもそもの資源配分に無駄がある．すなわち非効率な状態にあると考えられる．
- 他の誰かの効用を下げなくては，ある人の効用を上げられないとき，その資源配分を**パレート効率的**と呼ぶ．
- パレート効率的な資源配分はもはやパレート改善できない状態になる．したがって，資源配分に無駄はない．
- パレート効率的な資源配分はいくつもある．**契約曲線**はこれらのパレート効率的な資源配分を通る曲線である．
- 契約曲線上では，消費者Aの効用が上がると，消費者Bの効用が下がることになる．このことは契約曲線が右上がりになることを意味する．
- 効率性の観点からは，パレート効率的な資源配分に優劣をつけられない．

例題10.4 ある資源配分がパレート効率的な場合，消費者Aの限界代替率（MRS_A）と消費者Bの限界代替率（MRS_B）は，次式を満たす関係にある．

$$\qquad (10.1)$$

【解答のヒント】

- 図10.4（例題10.3）から，2人の消費者の無差別曲線が交わる点はパレート効率的な資源配分ではない．一方，それらが接する点はパレート効率的な資源配分になる．
- (10.1)式は，**交換の効率性**が成立する条件になる．

（ii）エッジワース・ボックスと予算制約式

例題10.5 完全競争市場を仮定し，各消費者は価格受容者として行動するものとしよう．X財の価格を4，Y財の価格を10として，以下の問題を解答しなさい．

(1) 消費者AのX財とY財の初期保有量を（20, 32）とし，X財とY財の消費量を(X_A, Y_A)と表そう．このときの消費者Aの予算制約式を表現しなさい．

$$4X_A + 10Y_A = 4 \cdot 20 + 10 \cdot 32 = 400 \tag{10.2}$$

(2) (10.2)式の予算制約式をY_Aについて解きなさい．

$$Y_A = 40 - \frac{2}{5}X_A \tag{10.3}$$

(3) 消費者BのX財とY財の初期保有量を（80, 28）とし，X財とY財の消費量を(X_B, Y_B)と表そう．このときの消費者Bの予算制約式をY_Bについて解きなさい．

$$Y_B = 60 - \frac{2}{5}X_B \tag{10.4}$$

(4) (10.4)式のX財の消費量を$100-X_A$，Y財の消費量を$60-Y_A$と表そう．このときの消費者Bの予算制約式をY_Aについて解きなさい．

$$Y_A = 40 - \frac{2}{5}X_A \tag{10.5}$$

【解答のヒント】
- 消費者Aの初期保有量を$(\bar{X}_A, \bar{Y}_A)$とし，それをすべて市場に売ると，消費者Aの所得は$P_X\bar{X}_A + P_Y\bar{Y}_A$になる．このように，交換経済モデルでは，初期保有量が所得に関連する．この所得を，消費者Aは各財の価格を所与として，各財の支出に振り分ける．したがって，支出は$P_XX_A + P_YY_A$になる．
- 消費者Bの初期保有量を$(\bar{X}-\bar{X}_A, \bar{Y}-\bar{Y}_A)$と，消費量を$(\bar{X}-X_A, \bar{Y}-Y_A)$と表せば，消費費$B$の予算制約式は，$P_X(\bar{X}-X_A) + P_Y(\bar{Y}-Y_A) = P_X(\bar{X}-\bar{X}_A) + P_Y(\bar{Y}-\bar{Y}_A)$になる．これは，$P_XX_A + P_YY_A = P_X\bar{X}_A + P_Y\bar{Y}_A$にまとめられる．すなわち，消費者$A$と消費者$B$の予算制約式は一致する．

例題 10.6 当初のX財の価格を$P_X=8$, Y財の価格を$P_Y=10$としよう. 図 10.5 には, 消費者AのX財とY財の初期保有量を（20, 32）と, 消費者BのX財とY財の初期保有量を（80, 28）としたときの, 消費者AとBの予算制約式（$Y_A=48-(4/5)X_A$）が描かれている. ここで, X財の価格が$P_X=4$に変化すると, 予算制約線はどのように変化するだろうか. 図 10.5 に新しい予算制約線を描きなさい.

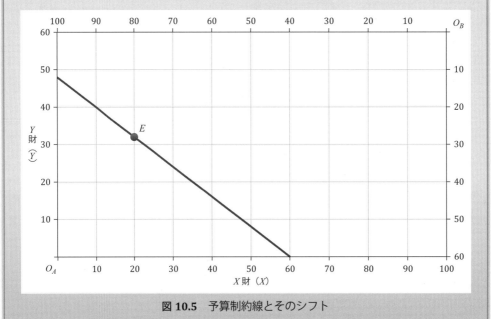

図 10.5 予算制約線とそのシフト

【解答のヒント】
- 新しい予算制約線は（10.3）式（例題 10.5）で示される.
- 相対価格の変化は, 初期保有点を中心に, 予算制約線が回転することで表現される.

(iii) 交換経済における市場均衡の効率性

例題10.7 図10.6には、予算制約線が初期保有点 E を通る直線として描かれている。図10.6を参考にして、以下の問題を解答しなさい。

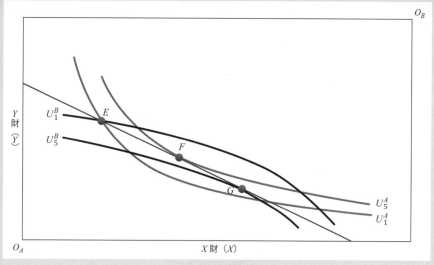

図10.6 市場不均衡

(1) 消費者 A の最適消費点を答えなさい。

　　　　　点

(2) 消費者 A は市場に □ ^{A} 財を供給し、市場から □ ^{B} 財を需要しようとする。

(3) 消費者 B の最適消費点を答えなさい。

　　　　　点

(4) 消費者 B は市場に □ ^{A} 財を供給し、市場から □ ^{B} 財を需要しようとする。

(5) 図10.6の相対価格の下では、X 財市場も Y 財市場も均衡しない。すなわち、X 財市場では □ ^{A} が □ ^{B} を上回るため、□ ^{C} の状態になる。一方、Y 財市場では □ ^{D} が □ ^{E} を上回るため、□ ^{F} の状態になる。

(6) (ワルラス的な) 価格の調整過程が働くとすれば、X 財の価格は □ ^{A} し、Y 財の価格は □ ^{B} する。この結果、相対価格 (P_X/P_Y) は □ ^{C} なり、予算制約線は E 点を中心として □ ^{D} 回りに回転する。

【解答のヒント】
- 財の資源配分は初期保有量によって与えられているが，消費者は消費者間の交換を通じて消費の配分を変更できる．
- 財の数が2つのとき，1つの財市場が超過需要の状態にあると，残りの1つの財市場は超過供給の状態になる．

例題10.8 図10.7には，予算制約線が初期保有点Eを通る直線として描かれている．また，S点は市場均衡点である．図10.7を参考にして，以下の問題を解答しなさい．

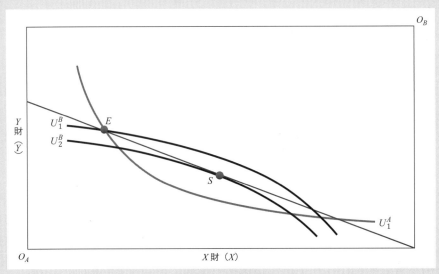

図10.7 市場均衡

(1) S点が市場均衡であることに注意して，予算制約線上に消費者Aの効用が最大になる無差別曲線（U_2^A）を描きなさい．

(2) X財の価格が4，Y財の価格が10であるとしよう．このとき，市場均衡における消費者Aと消費者Bの限界代替率の数値を，表10.2の（A）と（B）にそれぞれ埋めなさい．

表10.2 市場均衡における消費者Aと消費者Bの限界代替率

MRS_A	MRS_B
(A) 〔　　〕	(B) 〔　　〕

(3) 市場均衡においては，消費者Aと消費者Bの限界代替率（MRS_AとMRS_B）について次式の関係が成立している．

（10.1再掲）

【解答のヒント】
- 市場均衡では，両者の無差別曲線が S 点で接する．
- S 点では，消費者 A の X 財の需要と消費者 B の X 財の供給が一致する．すなわち，X 財の市場は均衡する．このとき，消費者 A の Y 財の供給と消費者 B の Y 財の需要も一致する．すなわち，残りの Y 財市場も同時に均衡する．
- 財の数が 2 つのとき，1 つの財市場が均衡すると，もう 1 つの財市場も均衡する．これを**ワルラスの法則**と呼ぶ．
- 消費者 A の最適消費点においては次式の関係が成立する．

$$MRS_A = \frac{P_X}{P_Y} \tag{10.6}$$

- 消費者 B の最適消費点においては次式の関係が成立する．

$$MRS_B = \frac{P_X}{P_Y} \tag{10.7}$$

- （10.6）式と（10.7）式から，財の相対価格を媒介として，（10.1）式の関係が成立する．
- （10.1）式は相対価格を媒介として，「市場均衡はパレート効率的な資源配分を実現する」ことを意味する．これを**厚生経済学の第 1 基本定理**と呼ぶ．

例題10.9 図10.8には，初期保有点Wと市場均衡点Qが示されている．しかし，政府はQ点ではなくR点を実現したいと考えているとしよう．ここで，政府が適切な財の再配分を行うと，R点を市場均衡として実現できることが知られている．図10.8と文章を用いて実現方法を解答しなさい．

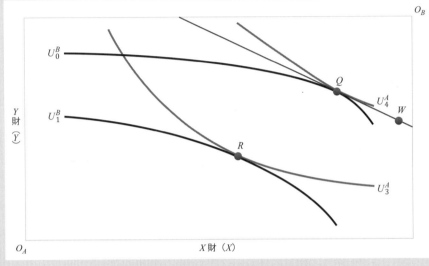

図10.8　厚生経済学の第2基本定理

【解答のヒント】

- Q点はパレート効率的な配分だが，どちらの財も相対的に消費者Aが消費者Bよりも多く消費する，格差の大きい状態．
- R点はパレート効率的な配分であり，かつQ点に比べて相対的に格差の小さい状態．
- R点を通る両者の無差別曲線の接線を描き，任意の点を選ぶ．
- この任意の点を再分配後の保有点と考え，後は消費者間の交換に任せれば，R点が市場均衡になる．
- 契約曲線上のどのようなパレート効率的な点もこの方法により実現できる．
- どのようなパレート効率的な配分も，適切な財の再配分により，市場均衡として実現できることを**厚生経済学の第2基本定理**と呼ぶ．

練習問題

10.1 経済には2人の消費者（消費者Aと消費者B）と，2種類の財（X財とY財）が存在しているとしよう．ただし，生産量は固定されているとする．

① 横軸にX財の量，縦軸にY財の量をとり，エッジワース・ボックスを描きなさい．

② この図の左隅を消費者Aの原点O_Aとし，消費者Aの無差別曲線（U_0^A，U_1^A，ただし$U_0^A < U_1^A$）を2本描きなさい．また，図の右隅を消費者Bの原点O_Bとし，消費者Bの無差別曲線（U_0^B，U_1^B，ただし$U_0^B < U_1^B$）を2本描きなさい．なお，消費者の無差別曲線は原点に対して凸になる曲線で示しなさい．さらに，U_0^AとU_1^B，およびU_1^AとU_0^Bは，それぞれ1点で接するように描きなさい．

③ 図に契約曲線を描きなさい．

④ 効率性の観点から，U_0^AとU_1^Bの接点における資源配分とU_1^AとU_0^Bの接点における資源配分のどちらが望ましいか答えなさい．

⑤ 完全競争市場均衡はパレート効率的な資源配分を実現することが知られている．この定理名を答えなさい．

第11章
企業行動3：生産要素

Outline

第11章では，企業が2種類の**生産要素**（労働と資本）の投入量を決定するメカニズムについて学ぶ．

第11章の企業行動のイメージ図は図11.1の通りである．

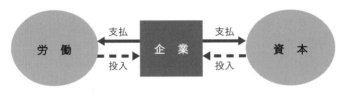

図11.1　企業行動

企業は，与えられた生産量を達成するために，費用を最小にするように2種類の生産要素の投入量を決定する．

11.1 生産関数と等量曲線

例題11.1　ある企業は，次の生産関数（X）に従い，生産要素である労働Lと資本Kを結合し，X財を生産しているとしよう．

$$X = 4L^{\frac{1}{2}}K^{\frac{1}{2}}$$

ここで，XはX財の生産量を示している．　　　　　　　　　　　　　　　続く ➡

（1） 表 11.1 は，企業が X 財を 8 単位生産するときに必要とされる労働と資本の投入量の組み合わせを示している．（A）から（C）の空欄に適切な数値を埋め，**表 11.1** を完成しなさい．

表 11.1　X 財を 8 単位生産するために必要な L と K の組み合わせ

L	K
1	(A) 〔 4 〕
2	(B) 〔 2 〕
3	1.3
4	(C) 〔 1 〕
5	0.8

（2） 図 11.2 には，企業が X 財を 4 単位および 12 単位生産するときの等量曲線が，それぞれ X_4 と X_{12} として示されている．**表 11.1** を参考にして，企業が X 財を 8 単位生産するときの等量曲線 X_8 を描きなさい．

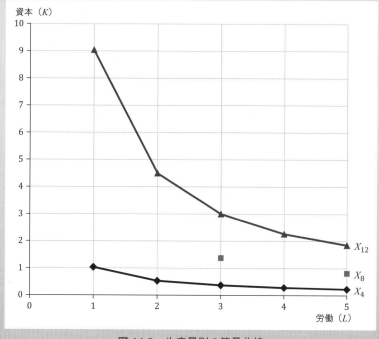

図 11.2　生産量別の等量曲線

【解答のヒント】
- **生産関数**とは生産要素の投入量と財の生産量との技術的な関係を表したものをいう．一般的には，$X=f(L, K)$ で表現される．
- 生産要素とは財を生産するために用いられる資源のことをいう．
- **等量曲線**とは同じ生産量を生む生産要素の組み合わせを示す曲線である．

例題11.2
（1）空欄に適切な言葉を入れなさい．

図11.2（例題11.1）から等量曲線が上方に位置するほど生産量は_____なる．

（2）以下は図11.3を参考にして，等量曲線が交わることがないことを説明した文章である．空欄に適切な言葉を入れなさい．

図11.3において，A点とB点は同じ_____^{A}上にあたるため企業の_____^{B}は同じになる．A点とC点も同じ_____^{A}上にあるため，企業の_____^{B}は同じになる．しかし，このことは，C点はB点に比べ，_____^{C}も_____^{D}も_____^{E}が多いにも関わらず，同じ_____^{B}しか達成できないことを意味する．これは，企業は_____^{E}が多くなるほど_____^{B}が多くなるという仮定に矛盾する．したがって，_____^{A}は交わらない．

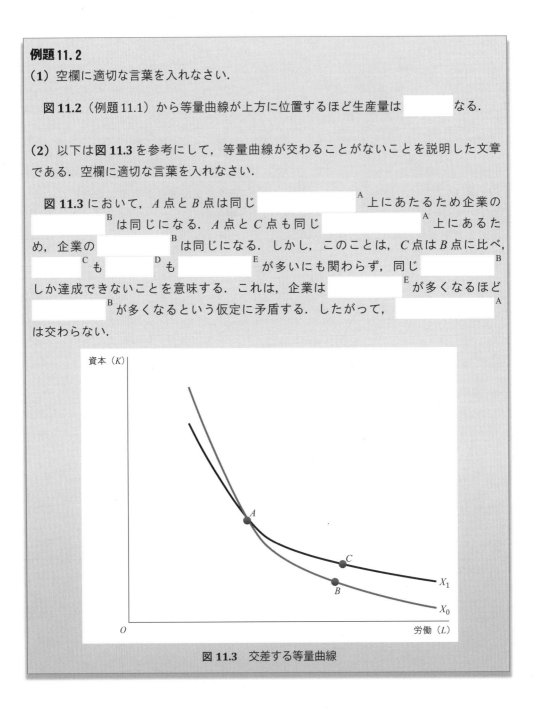

図11.3　交差する等量曲線

【解答のヒント】
- 生産量は，生産要素の投入量が多いほど，多くなると仮定されている．
- 仮に労働の投入量 L を固定すると，上方の等量曲線に行くほど，資本 K の投入量が多くなる．
- 等量曲線が交わることは，生産要素の投入量が多くなるほど生産量が多くなるという仮定に矛盾することを示せばよい．

例題 11.3 空欄に適切な言葉を入れなさい．

（1）図 11.2（例題 11.1）の等量曲線の傾きの符号は _____ になる．

（2）図 11.2（例題 11.1）の等量曲線の傾きにマイナスの符号を掛け合わせた値は，労働の投入量を 1 単位増やしたときに，それまでと同じ生産量を維持するために減少できる資本の投入量を表している．これは _____ と呼ばれる．

【解答のヒント】
- 等量曲線が右下がりになるのは，労働投入量を以前より多くしたならば，資本投入量を減少させても生産量を不変に保てることを反映している．
- 等量曲線の傾きの絶対値は英語では Marginal Rate of Technical Substitution（MRTS）と呼ばれる．
- 等量曲線が滑らかな場合は，MRTS は接線の傾きの絶対値として表現される（**図 11.9**）．

例題 11.4 横軸に労働の投入量，縦軸に資本の投入量をとると，等量曲線の傾きは $\Delta K/\Delta L$ と表せる．この傾きにマイナスの符号を掛け合わせた値が技術的限界代替率（$-\Delta K/\Delta L = MRTS$）と呼ばれる．技術的限界代替率は（11.1）式のように労働の限界生産物（MP_L）と資本の限界生産物（MP_K）の比率で示すことができる．

（11.1）
$$MRTS = \frac{MP_L}{MP_K}$$

続く ➡

以下では**図11.4**を用いて（11.1）式が成立することを示そう．

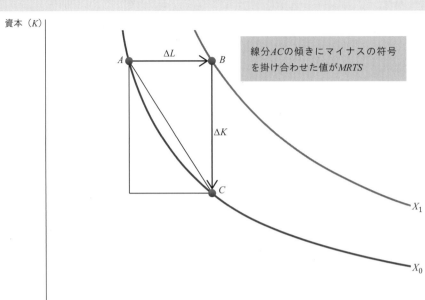

図11.4 技術的限界代替率

（1） A点から労働投入量をΔLだけ増やし，B点に移動したとしよう．この投入量の増加により，生産量はX_0からX_1に，労働の限界生産物の大きさだけ増加する．ここで，この生産量の増加を$\Delta X = X_1 - X_0 > 0$と表そう．労働の限界生産物は$\Delta X/\Delta L = MP_L$と表現できるため，ΔXは次の（11.2）式のように表せる．

(11.2) 　$\Delta X =$

（2） B点から資本投入量をΔK（$\Delta K < 0$）だけ減らし，C点に移動したとしよう．この投入量の減少により，生産量はX_1からX_0に，資本の限界生産物の大きさだけ減少する．ここで，生産量の減少を$-\Delta X = -(X_1 - X_0) < 0$と表そう．$\Delta K < 0$に注意すると，資本の限界生産物は$-\Delta X/\Delta K = MP_K$と表現できる．したがって，$\Delta X$は次の（11.3）式のように表せる．

(11.3) 　$\Delta X =$

（3） （11.2）式の左辺と（11.3）式の左辺は等しいため，（11.2）式の右辺と（11.3）式の右辺は（11.4）式のように等しく置ける．

(11.4)

続く ➡

(4)（11.4）式を$-\Delta K/\Delta L$の形にまとめると，（11.5）式を得る．

$$(11.5)\quad -\frac{\Delta K}{\Delta L} =$$

（11.5）式の左辺は**図11.4**の線分ACの傾きにマイナスの符号を掛け合わせた値である．これは$MRTS$を意味する．したがって，（11.5）式の左辺を$MRTS$に置き換えれば，（11.1）式を得る．

【解答のヒント】
- 数学的には，**技術的限界代替率**は等量曲線の接線の傾きにマイナスの符号を掛け合わせた値になる（**図11.9**）．

例題11.5 図11.5を参考にして，以下の問題を解答しなさい．

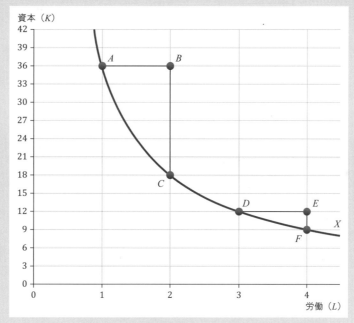

図11.5 生産要素投入量の組み合わせと技術的限界代替率

(1) A点における技術的限界代替率（線分BCの距離）の大きさを計算しなさい．

(2) C点における技術的限界代替率（線分EFの距離）の大きさを計算しなさい．

続く ➡

(3) 以下は，A点における技術的限界代替率が，D点における技術的限界代替率よりも大きくなることを，(11.1)式（例題11.4）の右辺を参考にして述べたものである．空欄に適切な言葉を入れなさい．

A点はD点に比べて，［　A　］の投入量が多く，［　B　］の投入量が少ない．［　C　］逓減の法則から，このことは，A点はD点に比べて［　A　］の［　C　］が小さく，［　B　］の［　C　］が大きいことを意味する．

したがって，A点はD点に比べて，(11.1)式の［　D　］が大きく，［　E　］が小さくなるため，A点の［　F　］はD点の［　F　］よりも大きくなる．

(4) 空欄に適切な言葉を入れなさい．

等量曲線は原点に対して［　　　　　］にふくらむ．

【解答のヒント】

- 図 11.5 では等量曲線の傾きの絶対値を$-\Delta K/\Delta L$，ただし$\Delta L=1$で表している．したがって，技術的限界代替率は$-\Delta K$の値に等しくなる．
- (3) は限界生産物逓減の法則を利用して解答する．
- 解答は，簡単化のため2階の交差偏微分はゼロと仮定している．
- (4) は別の言い方をすれば，等量曲線は原点に対して凸になるという．これは労働の投入量の増加とともに，技術的限界代替率（代替するために必要な資本の投入量）が小さくなることを反映している．

例題11.6 生産関数（X）が次のように表せるとしよう．
$$X = 4L^{\frac{1}{2}} K^{\frac{1}{2}}$$

(1) 労働の限界生産物（MP_L）を計算しなさい．

(2) 資本の限界生産物（MP_K）を計算しなさい．

続く ➡

(3) 技術的限界代替率（MP_L/MP_K）を計算しなさい．

【解答のヒント】
- 各生産要素の限界生産物は，他の生産要素の投入量を固定して，生産関数を各生産要素投入量で偏微分することにより求まる．

例題 11.7 空欄に適切な言葉を入れなさい．

(1) 規模に関して [　　　　　] とは，2つの生産要素（LとK）の投入量を2倍にしたとき，生産量も2倍になることをいう．

(2) 規模に関して [　　　　　]^A（規模の [　　　　]^B）とは，2つの生産要素の投入量を2倍にしたとき，生産量が2倍より大きくなることをいう．

(3) 規模に関して [　　　　　]^A（規模の [　　　　]^B）とは，2つの生産要素の投入量を2倍にしたとき，生産量が2倍より小さくなることをいう．

【解答のヒント】
- 生産要素の投入量をそれぞれt倍し，$f(tL, tK) = t^j f(L, K)$のjの大きさを調べる．
- (1) のとき，$j=1$が成立する．
- (2) のとき，$j>1$が成立する．
- (3) のとき，$1>j>0$が成立する．

例題 11.8 生産関数（X）が次のように表せるとしよう．
$$X = 4L^{\frac{1}{2}}K^{\frac{1}{2}}$$

(1) 生産要素の投入量をそれぞれ5倍したときに，生産量が何倍になるか計算しなさい．

続く ➡

(2) この企業の生産関数は規模に関して収穫一定，逓増，逓減のいずれの性質を満たすか答えなさい．

規模に関して _____

【解答のヒント】
- $X = AL^\alpha K^\beta$（A, α, β はプラスの定数）と表現されるような生産関数を**コブ・ダグラス型生産関数**と呼ぶ．
- 生産要素の投入量をそれぞれ t 倍すると，$A(tL)^\alpha(tK)^\beta = t^{\alpha+\beta} AL^\alpha K^\beta = t^{\alpha+\beta} X$ を得る．
- $\alpha + \beta = 1$ のとき，生産関数は規模に関して収穫一定になる．
- $\alpha + \beta > 1$ のとき，生産関数は規模に関して収穫逓増になる．
- $1 > \alpha + \beta > 0$ のとき，生産関数は規模に関して収穫逓減になる．

例題 11.9 空欄に適切な言葉を入れなさい．

図 11.6 は規模に関して収穫一定の生産関数に基づく等量曲線が描かれている．ここで，X_0 を示す等量曲線の生産量が 4 であるとき，X_1 を示す等量曲線の生産量は ____A____ になり，X_2 を示す等量曲線の生産量は ____B____ になる．

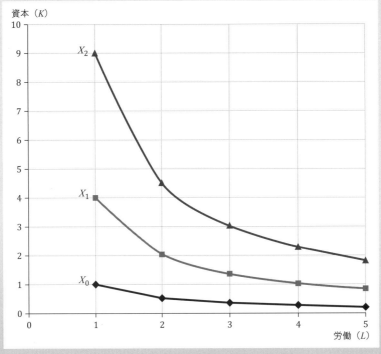

図 11.6 規模に関して収穫一定の等量曲線

【解答のヒント】

- 原点から A 点，B 点，C 点を通る直線を描く．

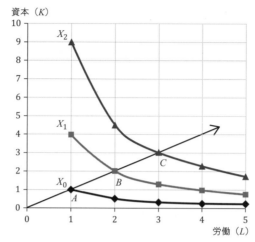

- B 点は生産要素の投入量が A 点のそれぞれ 2 倍，C 点は生産要素の投入量が A 点のそれぞれ 3 倍になっている．

11.2　等費用線

例題 11.10　労働 1 単位の価格（賃金）が 1，資本 1 単位の価格（賃貸料）が 1，企業が利用できる費用が 6 で与えられているとしよう．このとき企業の費用は次式で表せる．

$$6 = L + K$$

（1） 表 11.2 は，企業の費用が 6 のときに調達できる労働と資本の投入量の組み合わせを示している．（A）と（B）の空欄に適切な数値を埋め，**表 11.2** を完成しなさい．

表 11.2　企業の費用が 6 のときに調達可能な L と K の組み合わせ

C	L	K
6	0	6
6	2	(A) 〔　〕
6	4	2
6	6	(B) 〔　〕

続く ➡

(2) 企業の費用を K について解き，等費用線を求めなさい．

（11.6）

(3) (11.6) 式の等費用線 C を図 **11.7** に示しなさい．

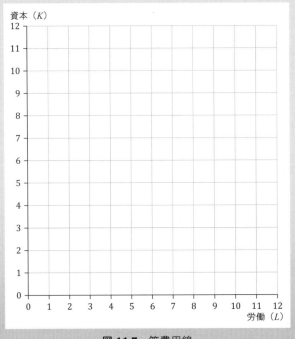

図 11.7 等費用線

【解答のヒント】
- 企業の費用は労働者を採用する費用と資本を利用する費用の和になる．
- 各生産要素の支払い（費用）は生産要素の価格と生産要素の投入量の積として表せる．
- 労働価格を P_L，資本価格を P_K，企業の費用を C とすると，一般的に企業の費用は次式のようになる．

（11.7） $$C = P_L L + P_K K$$

- **表 11.2** から，一方の生産要素を増やすと，費用を一定に保つために，他方の生産要素を減らさなければならないことが確認できる．
- **等費用線**は，生産に要する費用が一定となる生産要素投入量の組み合わせを示す．
- 等費用線の傾きの絶対値は次式のように生産要素の相対価格（要素価格比）で表現される．

（11.8） $$K = -\frac{P_L}{P_K} L + \frac{C}{P_K}$$

11.3 費用最小化と最適投入量

例題 11.11 図 11.8 を参考にして,以下を解答しなさい.

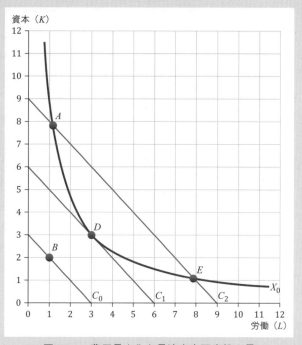

図 11.8 費用最小化と最適生産要素投入量

(1) 空欄に適切な言葉を入れなさい.

① 図 11.8 の等費用線 C_0, C_1, C_2 のうち最も費用が高いのは ☐ である.

② X_0 を最も低い費用で生産できる労働と資本の投入量の組み合わせは ☐ ^{A} 点で示される.このときの費用の大きさは ☐ ^{B} である.

(2) 最小費用で X_0 を生産する生産要素の組み合わせは示す点では,次式の関係が成立している.

(11.9)

【解答のヒント】

- (11.8) 式より,等費用線の縦軸の切片は C/P_K と表せるため,縦軸の切片は費用の高さを反映する.すなわち,他の条件を一定として,縦軸の切片の値が大きいほど費用が高いと言える.
- (3) は等量曲線の傾きと等費用線の傾きに着目する問題である.

【解説】

- （11.9）式は次の企業の制約付き費用最小化問題を解くことによって求めることができる.

$$\min_{L,K} C = P_L L + P_K K$$
$$\text{subject to } F(L, K) = X_0$$

- 「min」は右に来る関数を最小化することを意味する.「min」の下に示される L と K は企業が選択できる変数を示している. すなわち, 企業は費用 C を L と K について最小にすることが求められている. 次に「subject to」は, 最小化する際の, 制約を示している. $F(L, K)$ は生産関数である. 以上をまとめると「企業は, X_0 を生産する上で, 費用が最も小さくなるように L と K の組み合わせを選択する」ことを, 上の費用最小化問題は意味している.

- ラグランジュ関数を作成すると次のようになる.

$$\Lambda = P_L L + P_K K - \lambda[F(L, K) - X_0]$$

- ラグランジュ関数の3つの未知変数（L, K, λ）について偏微分し, それをゼロと置き, それらを連立方程式で解くことにより未知変数の値を求めることができる.

（11.10） $\quad\quad\quad\quad \Lambda_L = P_L - \lambda MP_L = 0$
（11.11） $\quad\quad\quad\quad \Lambda_K = P_K - \lambda MP_K = 0$
（11.12） $\quad\quad\quad\quad \Lambda_\lambda = F(L, K) - X_0 = 0$

- （11.10）式と（11.11）式を整理することにより次式の関係を得る.

（11.13） $\quad\quad\quad\quad \dfrac{MP_L}{MP_K} = \dfrac{P_L}{P_K}$

- （11.13）式の左辺は（11.1）式から技術的限界代替率（$MRTS$）を表しているため, （11.13）式の関係式は（11.9）式の関係式に等しい.

例題 11.12 図 11.9 の E_0 点および E_1 点で示される生産要素投入量の組み合わせでは，費用を最小化していないことを以下の問題の空欄に数値を入れることで示しなさい．

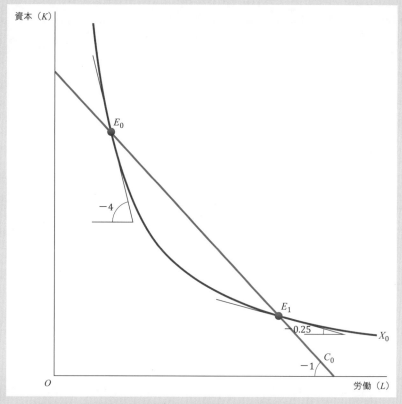

図 11.9 技術的限界代替率と生産要素の相対価格が一致しない場合

(1) E_0 点から労働投入量を追加的に 1 単位増加したとき，費用を一定に保つには資本投入量を ☐^{A} 単位減少しなければならない．一方，E_0 点から労働投入量を追加的に 1 単位増加したとき，資本投入量を ☐^{B} 単位減少しても，等量曲線上にとどまることができる．このことは，等量曲線上を，技術的限界代替率に沿って右下に移ることで，資本投入量 ☐^{C} 単位分の費用を節約できることを意味する．したがって，E_0 点は費用最小化していない．

(2) E_1 点から労働投入量を追加的に 1 単位減少したとき，費用が一定の下では資本投入量を ☐^{A} 単位増やすことができる．一方，E_1 点から労働投入量を追加的に 1 単位減少したとき，資本投入量を ☐^{B} 単位増加させるだけで，等量曲線上にとどまることができる．このことは，等量曲線上を，技術的限界代替率に沿って左上に移ることで，資本投入量 ☐^{C} 単位分の費用を節約できることを意味する．したがって，E_1 点は費用最小化していない．

【解答のヒント】
- 技術的限界代替率と生産要素の相対価格が一致しないときに，費用が最小化されていないことを，技術的限界代替率と生産要素の相対価格の大きさを比較することで示す問題．
- 図 11.9 の E_0 点のように，絶対値でみて，技術的限界代替率が生産要素の相対価格を上回るとき，労働投入量を追加的に 1 単位増やすことにより，技術的限界代替率と生産要素の相対価格の差だけ，資本投入量を節約できる．
- 図 11.9 の E_1 点のように，絶対値でみて，技術的限界代替率が生産要素の相対価格を下回るとき，労働投入量を追加的に 1 単位減らすことにより，生産要素の相対価格と技術的限界代替率の差だけ，資本投入量を節約できる．

例題 11.13 労働価格が 1，資本価格が 1 であり，企業は図 11.10 の E_0 点で示される生産要素投入量の組み合わせを利用することにより，生産量 X_0 を最小の費用で生産していたとしよう．ここで，他の条件を一定として，資本価格が 1 から 4 に上昇し，生産量 X_0 を達成する最小費用も 16 に上昇したとしよう．このとき，費用を最小にする生産要素投入量の組み合わせは等量曲線上のどの点に移るだろうか．図 11.10 に資本価格上昇後の新しい等費用線 C_1 を描いた上で，最適点 E_1 を示しなさい．

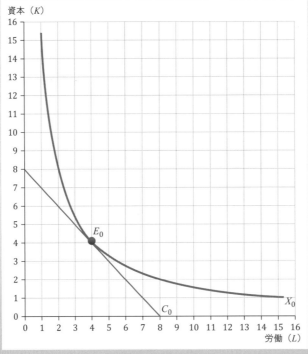

図 11.10　資本の賃貸料の低下と費用最小化

【解答のヒント】
- 生産要素の相対価格の変化にともない最適な生産要素の投入量の組み合わせは変化する．
- 企業は，技術的限界代替率が新しい生産要素の相対価格に等しくなるように生産要素の投入量を調整する．
- 企業は，与えられた生産量をなるべく安い費用で達成するために，相対的に安い生産要素を多く利用するようになる．

例題11.14 労働価格が1，資本価格が4で与えられ，生産関数（X）が次のように表せるとしよう．

$$X = 4L^{\frac{1}{2}}K^{\frac{1}{2}}$$

(1) 費用最小化条件を計算しなさい．

(2) 生産量を16としよう．このとき，費用を最小にする労働投入量（L^*）と資本投入量（K^*）を計算しなさい．

(3) (2) の値を用いて，最小費用（C^*）を計算しなさい．

(4) 他の条件を一定として，生産量を80にすると，最小費用はいくらになるか計算しなさい．

【解答のヒント】
- (2) は，生産量16を生産関数に代入することにより等量曲線を表す式を導出できる．2個の未知数LとKは費用最小化条件式と等量曲線を示す式の2本の式を連立することにより求めることができる．
- (3) は与えられた労働と資本の価格，および (2) で求めたL^*とK^*を (11.7) 式に代入することにより求めることができる．

- 例題11.8よりこの生産関数は規模に関して収穫一定である．したがって，生産量をt倍するには，必要な生産要素の投入量もt倍になる．さらに，生産要素の価格に変化がなければ，最小費用もt倍になる．

11.4 生産量の変化と投入量の調整

例題11.15 ある企業がX財を16（$=X_{16}$）単位生産するために，図11.11のE点において費用を最小化していたとしよう．生産要素の価格が変化せず，かつ資本の投入量が固定されている短期において，企業が生産量を24（$=X_{24}$）単位および32（$=X_{32}$）単位に変更した場合，企業の最小費用はどのように変化するだろうか．X_{24}およびX_{32}を生産するときの最小費用をそれぞれSC_{24}とSC_{32}とし，それらを図11.11に示しなさい．

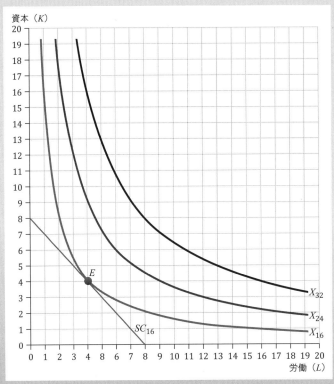

図11.11 生産量の変化と短期における費用最小化

【解答のヒント】
- 等費用線の傾きは変化しない．
- 資本の投入量は4単位から変更できない．そこで，4単位目の資本投入量から出発する水平な破線を補助線として示しておくと等費用線を引きやすい．変化後の等費用線は，変化後の等量曲線とこの水平線が交わる点を通過する．
- 短期の最適点においては，資本の投入量を調整できないため，技術的限界代替率と生産要素の相対価格は一致しない．
- すべての生産要素の価格を一定にして，目標生産量を変化させたときの最適点の変化の軌跡を**拡張経路**と呼ぶ．短期の拡張経路は4単位目の資本投入量から出発する水平線になる．

例題11.16 ある企業がX財を16（$=X_{16}$）単位生産するために，**図11.12**のE点において費用を最小化していたとしよう．企業が生産量を24（$=X_{24}$）単位に変更した場合，および生産量を32（$=X_{32}$）単位に変更した場合の企業の長期における最小費用をそれぞれLC_{24}，LC_{32}とし，**図11.12**に示しなさい．ただし，生産要素の価格は変化しないものとする．

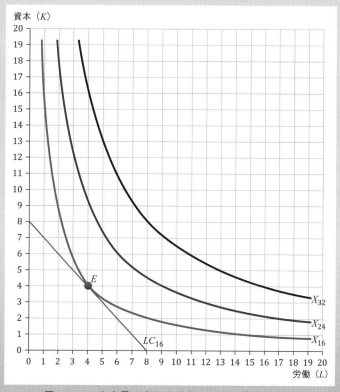

図11.12　生産量の変化と長期における費用最小化

【解答のヒント】
- 等費用線の傾きは変化しない．
- 生産量 16 に対して費用を最小化する生産要素投入量の組み合わせは $(L, K) = (4, 4)$ になる．生産関数が規模に関して収穫一定の性質を帯びる場合，t 倍の生産量に対して費用を最小化する生産要素投入量の組み合わせは (tL, tK) になる．等費用線はこの組み合わせを通るように描かれる．例えば，生産量が 2 倍の 32 になると，投入量は $(2L, 2K) = (8, 8)$ に変化する．
- 規模に関して収穫一定の下では，生産量 t 倍になると，最小費用も t 倍になる．
- 長期の最適点においては，技術的限界代替率は生産要素の相対価格に一致する．
- 規模に関する収穫一定の下では，拡張経路は原点を通る右上がりの直線になる．

例題 11.17 表 11.3 は図 11.11（例題 11.15）と図 11.12（例題 11.16）の数値例を参考に作成した生産量と費用の関係を示している．

表 11.3 生産量と短期と長期の費用の関係

X	SC	LC
8	5	4
12	6.25	6
16	8	8
20	10.25	10
24	13	12
28	16.25	14
32	20	16
36	24.25	18

(1) 図 11.13 の ◆ 印は生産量とそれに対応する短期の費用の組み合わせを示している．表 11.3 の数値を参考に図 11.13 の短期費用関数を完成しなさい．

続く ➡

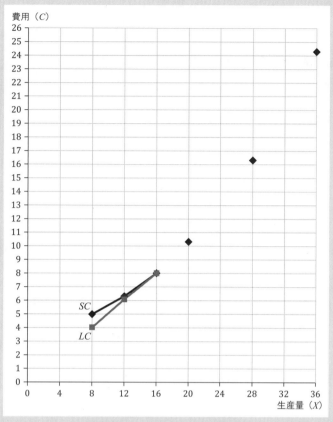

図 11.13 短期費用と長期費用

(2) 図 11.13 の ■ 印は生産量とそれに対応する長期の費用の組み合わせを示している．表 11.3 の数値を参考に図 11.13 の長期費用関数を完成しなさい．

(3) 以下は図 11.13 の特徴について述べたものである．空欄に適切な言葉を入れなさい．

　生産量 [　]^A 単位目を除き，[　]^B の費用が [　]^C の費用よりも大きい．また，生産量が増えたときの費用の伸びも，生産量 [　]^A 単位目以降は，[　]^B が [　]^C よりも大きい．

練習問題

11.1 ある企業の生産関数（X）が次のように与えられているとしよう.

$$X = L^{\frac{1}{4}} K^{\frac{1}{4}}$$

① 労働の限界生産物，資本の限界生産物を求めなさい.

② 技術的限界代替率を求めなさい.

③ Lの価格を1，Kの価格を9，生産量を1として，企業はこの与えられた生産量を最小費用で達成するように生産要素の投入量を決定するとしよう．このときの労働の最適投入量（L^*）と資本の最適投入量（K^*）を求めなさい．

④ ③の値を用いて，企業の最小費用（C^*）を求めなさい．

11.2 ある企業の労働と資本の投入量の決定について，以下の問題を解答しなさい．

① 下の図に横軸に労働の投入量L，縦軸に資本の投入量Kを示し，企業の等量曲線（X_0）と等費用線（C_0）を描き，最適点E_0を示しなさい．なお，等量曲線は右下がりで原点からみて内側にふくらんでいるように描きなさい．

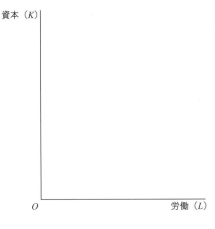

② ①の図の等量曲線 X_0 より右上（右方，上方）に等量曲線 X_1 を描き，X_1 上で任意の 2 点を選び，左上を A 点と右下を B 点としなさい．労働の限界生産物と資本の限界生産物の大きさを交えながら，A 点における技術的限界代替率が B 点における技術的限界代替率より大きくなる理由を説明しなさい．

③ ①で描いた図と同じ図を下に描きなさい．ここで，企業が生産量を X_0 から X_2 に増加したとしよう．この図に，資本が固定的生産要素，労働が可変的生産要素である場合の最小費用（C_2），および最適点 E_2 を示しなさい．

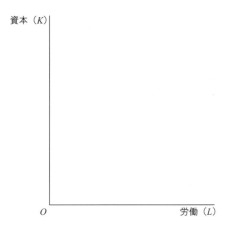

④ ①で描いた図と同じ図を下に描きなさい．ここで，企業が生産量を X_0 から X_2 に増加したとしよう．この図に，労働と資本が共に可変的生産要素である場合の最小費用（C_3），および最適点 E_3 を示しなさい．

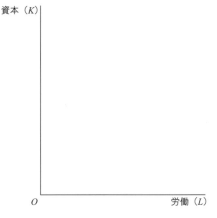

⑤ X_2 を生産する短期の最小費用（C_2）が長期の最小費用（C_3）より大きくなる理由を答えなさい．

第12章
生産経済

Outline

第12章では一般均衡分析の基本となる**生産経済**を考察する．
生産経済の仕組みは図12.1の通りである．

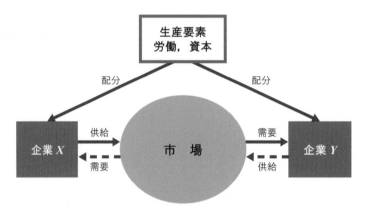

図 12.1　生産経済の仕組み

利用可能な労働と資本の総量は固定されていると考える．この固定された生産要素がX財を生産する企業XとY財を生産する企業Yに適当に配分される．

企業Xと企業Yは生産要素の初期保有量をそのまま生産に用いることができるし，市場で交換（売買）し，配分を変えて生産することもできる．

このように利用可能な生産要素の総量を所与として，この生産に用いる生産要素の取引に注目する経済を，生産経済と呼ぶ．

12.1 生産経済の基本

(i) エッジワース・ボックス内の初期保有量と等量曲線

例題 12.1 利用可能な労働の総量が650，資本の総量が650に固定されており，X財を生産する企業XとY財を生産する企業Yにこれらを振り分ける状況を考えよう．

(1) X財の生産に対して，労働が100，資本が500割り当てられるとする．このとき，Y財の生産に対して利用可能な労働と資本の量（L_Y, K_Y）を答えなさい．

$L_Y=$ ☐ $K_Y=$ ☐

(2) (1) に示される資源配分をE点として図 12.2 に示しなさい．

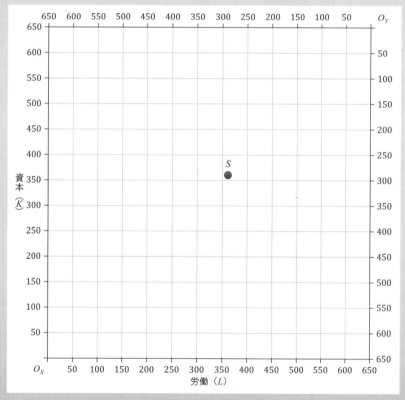

図 12.2 生産経済のエッジワース・ボックス

(3) 右上の原点（O_Y）に対して内側にふくらむY財の等量曲線（Y_0）を図 12.2 に描きなさい．なお，Y_0はE点とS点を通るように描きなさい．

続く ➡

(4) 左下の原点（O_X）に対して内側にふくらむ X 財の等量曲線を図 12.2 に 2 本（X_0 と X_1）描きなさい．なお，X_0 は E 点で Y_0 と交わるように，X_1 は S 点で Y_0 と接するように描きなさい．

(5) 以下は E 点から S 点に移動することにより効率性が改善できる理由を述べたものである．空欄に適切な言葉を入れなさい．

　　　　　^{A} の生産量を変えずに，　　　　　^{B} の生産量を　　　　　^{C} ことができるため．

【解答のヒント】
- 利用可能な労働と資本の総量（$\bar{L}, \bar{K}$）は，X 財と Y 財に利用される労働と資本の量の合計に一致する．したがって，X 財と Y 財に利用される労働量と資本量をそれぞれ L_X, L_Y, K_X, K_Y とすると，次式が成立する．

$$\bar{L} = L_X + L_Y$$
$$\bar{K} = K_X + K_Y$$

- 生産のエッジワース・ボックスは底辺に L の総量，高さに K の総量をとる長方形になる．
- エッジワース・ボックスの内部の点は，2 種類の生産要素の総量が 2 財の生産（2 企業）に対してどのように配分されているかを示している．
- 左下の原点から右上の方向に移動するに従い，X 財が利用する生産要素の配分量は増加する．一方，右上の原点から左下の方向に移動するに従い，Y 財が利用する配分量は増加する．
- 左下の原点から右上の方向に位置する企業 X の等量曲線ほど，X 財の生産量は増加する．一方，右上の原点から左下の方向に位置する企業 Y の等量曲線ほど，Y 財の生産量は増加する．
- 生産要素の総量を一定として，企業間（または産業間）で生産要素の交換が行われる経済を**生産経済**と呼ぶ．
- 生産経済における（生産要素の）パレート効率的な資源配分とは，一方の財の生産量を減らさずにはもう一方の財の生産量を増やすことができないような配分である．

12.2 生産の効率性

(i) パレート効率的な資源配分

例題12.2 図12.3を参考にして，以下の問題を解答しなさい．

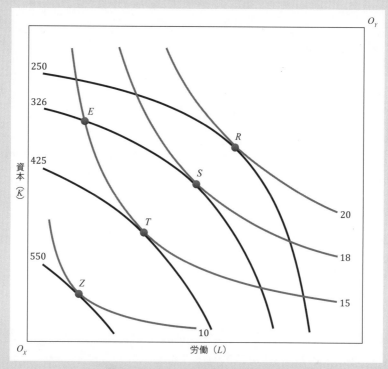

図12.3 パレート効率的な資源配分

(1) O_X, O_Y を通る契約曲線を図12.3に描きなさい．

(2) 契約曲線上では，X 財の技術的限界代替率（$MRTS_X$）と Y 財の技術的限界代替率（$MRTS_Y$）は，次式を満たす関係にある．

$$\quad \tag{12.1}$$

【解答のヒント】
- 契約曲線（効率軌跡）はパレート効率的な資源配分の点を通る．このため，契約曲線上では，X 財の生産量が増加すると，Y 財の生産量が減少することになる．このことは契約曲線が右上がりになることを意味する．
- 両方の財の等量曲線が接する点がパレート効率的な資源配分になる．
- **生産の効率性**とは，生産要素がパレート効率的な資源配分になる状態を指す．
- (12.1) 式は，生産の効率性が成立する条件になる．

例題 12.3 以下の文章の空欄に適切な言葉や数値を入れなさい．

生産要素のパレート効率的な資源配分は X 財の技術的限界代替率 $MRTS_X$ と Y 財の技術的限界代替率 $MRTS_Y$ が等しくなるときに達成される．

仮に $MRTS_X=5$, $MRTS_Y=1$ であるときに，Y 財の生産に用いていた労働 1 単位を X 財の生産に移動し，X 財の生産に用いていた資本 5 単位を Y 財の生産に移動したとしよう．このとき，X 財の生産は，労働 1 単位の増加に対して資本を [A] 単位減少しても，同じ等量曲線上にとどまるため，生産量は [B]．一方，Y 財の生産は，労働 1 単位の減少に対して資本を [C] 単位増加すれば，同じ等量曲線上にとどまる．X 財の生産部門から Y 財の生産部門に移動する資本の量は [C] 単位より多いため，Y 財の生産量は [D] する．したがって，$MRTS_X$ が $MRTS_Y$ より大きいとき，生産要素は効率的に配分されていない．

逆に $MRTS_X=1$, $MRTS_Y=5$ のときは，X 財の生産に用いていた労働 1 単位を Y 財の生産に移動し，Y 財の生産に用いていた資本 5 単位を X 財の生産に移動すれば，Y 財の生産量を変えずに，X 財の生産を [D] できる．したがって，$MRTS_X$ が $MRTS_Y$ より小さいときも生産要素は効率的に配分されていない．

【解答のヒント】
- 等量曲線が交わっているとき，生産要素のパレート効率的な資源配分が達成されていないことを，2 財の技術的限界代替率の大きさを比較することで示す問題．
- 例えば，図 12.4 では，E 点における X 財の技術的限界代替率は Y 財の技術的限界代替率よりも大きい．このとき，生産要素の資源配分を E 点から Q 点に変更することで，X 財の生産量を変えずに，Y 財の生産量を増加できる（**パレート改善**）．

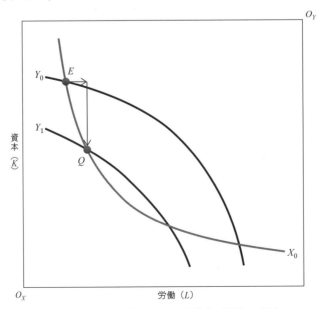

図 12.4 2 財の技術的限界代替率が異なる場合

- Q 点においても，依然として X 財の技術的限界代替率は Y 財の技術的限界代替率よりも大きい．再び，生産要素の資源配分の変更を適切に行うと，X 財の生産量を変えずに，Y 財の生産量を増加できる（パレート改善）．X 財の生産量を不変として，Y 財を増産することは，結局，両財の技術的限界代替率が等しくなるまで続けられる．

(ii) 生産経済における市場均衡の効率性

例題 12.4 労働と資本の生産要素市場がそれぞれ完全競争的であれば，均衡では労働と資本のパレート効率的な資源配分が達成されることを示しなさい．

(1) 労働価格を P_L，資本価格を P_K とすると，X 財を生産する企業は次式の関係を満たすように労働と資本の投入量を決定する．

$$ \qquad (12.2)$$

(2) 同様に，Y 財を生産する企業は次式の関係を満たすように労働と資本の投入量を決定する．

$$ \qquad (12.3)$$

(3) 空欄に適切な言葉を入れなさい．

（12.2）式と（12.3）式から，生産要素の _____ を媒介として，（12.1）式（例題 12.2）の関係が成立する．

【解答のヒント】
- 第 11 章から，企業は等量曲線の傾きの絶対値と等費用線の傾きの絶対値が等しくなるように，労働と資本の最適な投入量を決定する．
- 初期の資源配分量を生産経済のエッジワース・ボックス内に任意に与えれば，生産要素の相対価格を媒介に，企業間で労働と資本の移動が起こる．
- 価格の資源調整メカニズム（超過需要時に価格上昇，超過供給時に価格低下）を通じて，生産要素はより生産の増大に貢献できる企業に移動する．
- 例えば，図 **12.5** の場合，初期の資源配分量を E 点とし，生産要素の相対価格が 1 であると，労働は Y 財を生産する企業 Y から X 財を生産する企業 X へ，資本は X 財を生産する企業 X から Y 財を生産する企業 Y へそれぞれ移動し，生産要素市場は G 点で均衡する．

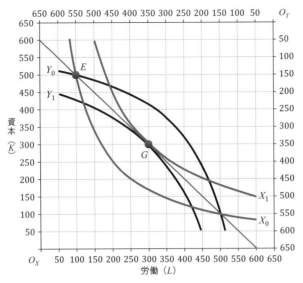

図 12.5 完全競争的な生産要素市場における資源配分

12.3 生産可能性曲線

例題 12.5 図 12.3（例題 12.2）を参考にして，o_x，o_y を通る生産可能性曲線を，滑らかな曲線として図 12.6 に描きなさい．また，図 12.3 の大文字（E，R，T，Z）に対応する点を小文字（e，r，t，z）として図 12.6 に示しなさい．

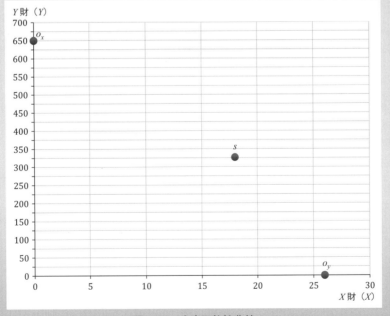

図 12.6 生産可能性曲線

【解答のヒント】
- 図 12.6 の**生産可能性曲線**は図 12.3（エッジワース・ボックス）の契約曲線と対応する．
- 図 12.3 の E 点は非効率な資源配分を示す．このような非効率な資源配分を示す点は生産可能性曲線の内側に位置することになる．
- 一方，効率的な資源配分を示す図 12.3 の R 点，S 点，T 点，Z 点に対応する点は生産可能性曲線上に位置することになる．

例題 12.6 空欄に適切な言葉を入れなさい．

（1）図 12.6（例題 12.5）の生産可能性曲線の傾きの符号は _____ になる．

（2）生産可能性曲線の傾きにマイナスの符号を掛け合わせた値は，X 財の生産量を 1 単位増やしたときに，生産可能性曲線上にとどまるために減少できる Y 財の生産量を表している．これは _____ と呼ばれる．

【解答のヒント】
- 生産可能性曲線が右下がりになるのは，X 財の生産量を以前より増やすならば，Y 財の生産に用いていた生産要素の一部を X 財の生産に向けて移動する必要があるため，Y 財の生産量が減少することを反映している．
- この生産要素の移動で，Y 財を X 財に変形できる．
- 生産可能性曲線の傾きの絶対値は英語では Marginal Rate of Transformation（MRT）と呼ばれる．
- 生産可能性曲線が滑らかな場合は，MRT は接線の傾きの絶対値として表現できる（**図 12.8**（例題 12.8 参照））．

例題 12.7 限界変形率は X 財の限界費用（MC_X）と Y 財の限界費用（MC_Y）の比率で示すことができる．限界変形率は，横軸に X 財の生産量，縦軸に Y 財の生産量をとる場合は（12.4）式のように示せる．

(12.4) $$MRT = \frac{MC_X}{MC_Y}$$

以下では（12.4）式が成立することを示そう．

(1) ある任意の生産可能性曲線の点から X 財の生産量を $\Delta X = 1$ だけ増やしたとしよう．生産量の増加のためには，新たに生産要素の一部を X 財の生産に向けなければならない．この結果，X 財を生産するための費用が ΔC（$\Delta C = MC_X \Delta X$）だけ増加する．$\Delta X = 1$ から，ΔC は次のように表現できる．

(12.5) $\Delta C =$

(2) 生産要素の一部が X 財の生産に向けて移動したため，Y 財の生産量は減少する．この生産量の変化を ΔY（$\Delta Y < 0$）と表現しよう．ここで，限界変形率（MRT）は，X 財の生産量を 1 単位増やしたときに，生産可能性曲線にとどまるために減少できる Y 財の生産量の絶対値になるため，ΔY は次のように表現できる．

(12.6) $$\Delta Y = -MRT$$

Y 財の生産量の減少の結果，Y 財を生産するための費用が減少する．ここで，この費用の減少を $-\Delta C = MC_Y \Delta Y$ と表現しよう．この式と（12.6）式から，次式を得る．

(12.7) $\Delta C =$

(3) 利用できる生産要素の総量は決まっているため，減産費用の絶対値は，X 財を生産するための増産費用の大きさに等しい．このことは，（12.5）式の左辺と（12.7）式の左辺が等しいことを意味する．このため，（12.5）式の右辺と（12.7）式の右辺は（12.8）式のように等しく置ける．

(12.8)

最後に（12.8）式を限界変形率（MRT）について解くと，（12.4）式を得る．

【解答のヒント】
- (2) については，例題 12.6 を参照せよ．

例題12.8 図12.7を参考にして，下記の問題を解答しなさい．

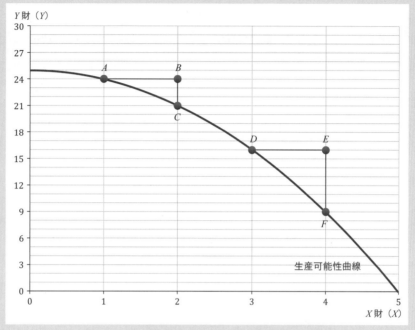

図12.7 生産量の組み合わせと限界変形率の関係

(1) A点における限界変形率（線分BCの距離）を計算しなさい．

(2) D点における限界変形率（線分EFの距離）を計算しなさい．

(3) 以下は，D点における限界変形率がA点における限界変形率よりも大きくなることを述べたものである．(12.4)式（例題12.7）の右辺を参考にして，空欄に適切な言葉を入れなさい．

D点はA点に比べて，　　　　^{A}の生産量が多く，　　　　^{B}の生産量が少ない．限界費用は生産量の増加とともに増加するため，D点はA点に比べて　　　　^{A}の限界費用が大きく，　　　　^{B}の限界費用が小さい．このためD点の　　　　^{C}はA点における　　　　^{C}よりも大きくなる．

(4) 空欄に適切な言葉を入れなさい．

生産可能性曲線は原点に対して　　　　　　にふくらむ．

【解答のヒント】
- (3) は限界費用が生産量の増加とともに逓増する性質を利用して解答する．
- (4) は別の言い方をすれば，生産可能性曲線は原点に対して凹になるという．これは X 財の生産量の増加とともに，**限界変形率**（変形のために減少する Y 財の生産量）が大きくなることを反映している．

【解説】
- 限界変形率は数学的には**図 12.8**に示されるように生産可能性曲線の接線の傾きの絶対値になる．

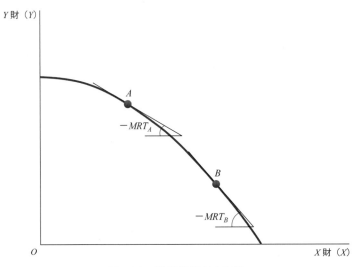

図 12.8　限界変形率の定義

- A 点における限界変形率 MRT_A は，B 点における限界変形率 MRT_B より小さい．

12.4 等収入線

例題12.9 X財市場もY財市場も完全競争市場であると仮定しよう．X財を生産する企業の収入を$P_X X$，Y財を生産する企業の収入を$P_Y Y$，2企業の収入の合計R（収入総額）を$P_X X + P_Y Y = R$と表そう．

(1) 収入総額を144，P_Xを36，P_Yを6（相対価格を6）とし，Yについて解きなさい．

　　　　（12.9）

(2) （12.9）式の等収入線R_0を**図12.9**に描きなさい．

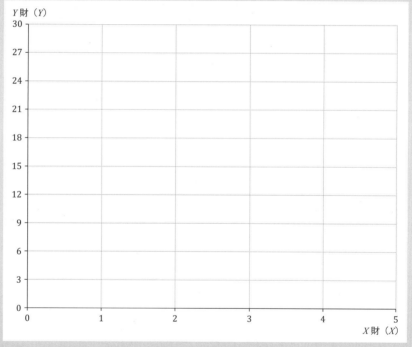

図 12.9 等収入線

(3) 相対価格を6のままとし，収入総額を180に変更し，Yについて解きなさい．

　　　　（12.10）

(4) （12.10）式の等収入線R_1を**図12.9**に描きなさい．

【解答のヒント】

- $P_X X + P_Y Y = R$ を Y について解くと次式を得る.

$$Y = -\frac{P_X}{P_Y}X + \frac{R}{P_Y}$$

- この式を横軸に X 財の生産量，縦軸に Y 財の生産量をとる平面に描くと，収入総額を一定にする**等収入線**を得る.
- 等収入線の傾きの絶対値は財の相対価格になる.
- 右上に位置する等収入線ほど収入総額は大きくなる.

12.5 最適生産

例題 12.10 図 12.10 を参考にして，以下を解答しなさい.

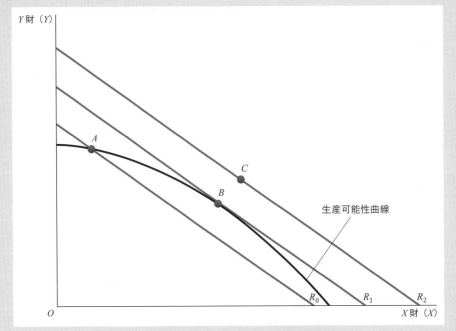

図 12.10 収入最大化と最適生産

(1) 空欄に適切な言葉を入れなさい.

① 生産可能性曲線上で，収入を最大にするのは ☐ 点である.

② C 点を通る等収入線は，最適点を通る等収入線よりも ☐^A に位置するため，収入は大きくなる．しかし，この C 点の組み合わせは生産可能性曲線の ☐^B に位置するため生産できない．

続く➡

③ A 点を通る等収入線は生産可能性曲線上にあるが，等収入線が最適点を通る等収入線よりも _____ に位置するため，収入が小さくなる．

(2) 最適点において，限界変形率（MRT）と相対価格（P_X/P_Y）は，次式を満たす関係にある．

(12.11)

【解答のヒント】
- 生産可能性曲線上は生産の効率性を満たすが，生産可能性曲線上のどの点を選択し，X 財と Y 財をどれだけ生産すれば良いか判断できない．そこで，与えられた財の価格の下で，利潤を最大にする最適点を見つける．
- 完全競争市場では，個々の企業が利潤最大化行動に基づき行動するならば，それを集計した経済全体の利潤も最大化される．
- 生産経済では生産要素をすべて X 財の生産と Y 財の生産に利用する．このため，労働と資本の生産要素市場が完全競争的であれば，どのような生産量の組み合わせでも経済全体の費用は $P_K \bar{K} + P_L \bar{L}$ で一定になる．したがって，費用が一定の下で収入を最大化することは経済全体の利潤を最大化することに等しくなる．

【解説】
- （12.11）式は次の考え方からも導出できる．
- X 財市場が完全競争市場であれば，企業 X の利潤最大化条件は次の（12.12）式を満たす．

(12.12) $$P_X = MC_X$$

- Y 財市場が完全競争市場であれば，企業 Y の利潤最大化条件は次の（12.13）式を満たす．

(12.13) $$P_Y = MC_Y$$

- （12.12）式と（12.13）式の比率を取ると，次の（12.14）式を得る．

(12.14) $$\frac{P_X}{P_Y} = \frac{MC_X}{MC_Y}$$

- （12.14）式の右辺は，（12.4）式（例題12.7）から限界変形率（MRT）に等しい．したがって，（12.4）式と（12.14）式を組み合わせることで，（12.11）式を得る．

例題12.11 図 12.11 の A 点および C 点で示される生産量の組み合わせでは，収入を最大化していないことを以下の問題の空欄に数値を入れることで示しなさい．

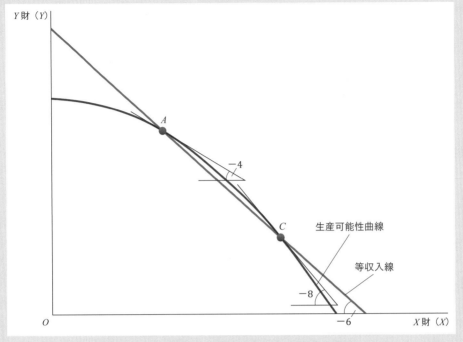

図 12.11 限界変形率と相対価格が一致しない場合

(1) 市場では，A 点から X 財の生産量を追加的に1単位増加したとき，同一の収入を維持するには，Y 財の生産量を $\boxed{}^A$ 単位あきらめなければならない．一方，生産要素の総量が一定であるという条件の下では，Y 財の生産量を $\boxed{}^B$ 単位あきらめれば，A 点から X 財の生産量を追加的に1単位増加できる．したがって，生産量の組み合わせを A 点から生産可能性曲線上に沿って右下に移ることで，実際には $\boxed{}^C$ 単位分の Y 財の生産・販売量を減らさなくてもよい分だけ収入は増大する．したがって，A 点は収入を最大化していない．

(2) 市場では，C 点から X 財の生産量を追加的に1単位減少したとき，同一の収入を維持するには，Y 財の生産量を $\boxed{}^A$ 単位増やさなければならない．一方，生産要素の総量が一定であるという条件の下では，C 点から X 財の生産量を追加的に1単位減少すると，Y 財の生産量を $\boxed{}^B$ 単位増やすことができる．したがって，生産量の組み合わせを C 点から生産可能性曲線上に沿って左上に移ることで，実際には $\boxed{}^C$ 単位分の Y 財の生産・販売量を増やすことができる分だけ収入は増大する．したがって，C 点は収入を最大化していない．

【解答のヒント】
- 限界変形率と相対価格が一致しないときに，収入が最大化されていないことを，限界変形率と相対価格の大きさを比較することで示す問題．
- 図 12.11 の A 点のように，限界変形率が相対価格を下回るとき，X 財の生産量を増やすことで，相対価格と限界変形率の差（Y 財の生産量で測られる）に Y 財の価格を掛け合わせた分だけ収入が増大する．
- 図 12.11 の C 点のように，限界変形率が相対価格を上回るとき，X 財の生産量を減らすことで，限界変形率と相対価格の差（Y 財の生産量で測られる）に Y 財の価格を掛け合わせた分だけ収入が増大する．

練習問題

12.1 下の図の生産可能性曲線を参考にして，以下の問題を解答しなさい．

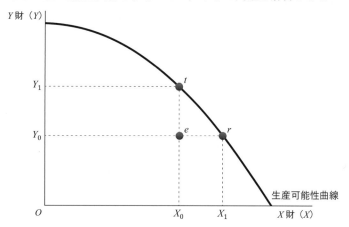

① 生産可能性曲線の接線の傾きの符号がマイナスになる理由を答えなさい．

② 生産可能性曲線の接線の傾きの絶対値の名称を答えなさい．

③ e 点が非効率である理由を答えなさい．

④ 縦軸に資本の総量，横軸に労働の総量をとり，エッジワース・ボックスを作成しなさい．その際，X財を生産する企業の原点（O_X）を左下，Y財を生産する企業の原点（O_Y）を右上にとりなさい．

⑤ ①の図に基づき，上のエッジワース・ボックスにX財を生産する企業とY財を生産する企業の等量曲線をそれぞれ2本ずつ描きなさい．その際，（i）等量曲線は原点に対して凸になるように描き，（ii）①の図の生産量を2本の等量曲線と関連させ，（iii）e点，r点，t点に対応する点をE点，R点，T点としなさい．

第 13 章
生産と交換の経済

> **Outline**

第10章では，生産量を固定して2人の消費者が財を交換する経済を考えた．

第13章では，生産量を調整できる状況を考えた上で，2人の消費者が財を交換する経済を考える．

このために，第12章で学んだ生産経済と第10章で学んだ交換経済を図13.1のように統合する．

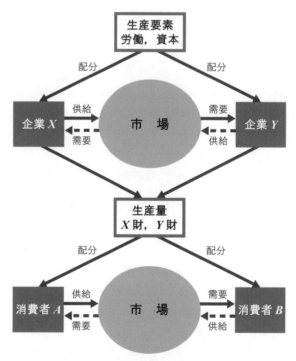

図 13.1 生産経済と交換経済の統合

この経済は，生産経済を組み合わせることから，**生産物構成**（Product Mix）**経済**と呼ばれる．

図13.1の生産経済から生産可能性曲線が導出できる．これについては，第12章ですでに学んだため，第13章では生産可能性曲線を前提として生産物構成経済を分析する．

最も重要なのは，第13章の拡張した一般均衡分析からも，厚生経済学の第1基本定理が成立することを理解することである．

13.1 生産物構成経済の基本

例題13.1 図13.2を参考にして，以下の問題を解答しなさい．

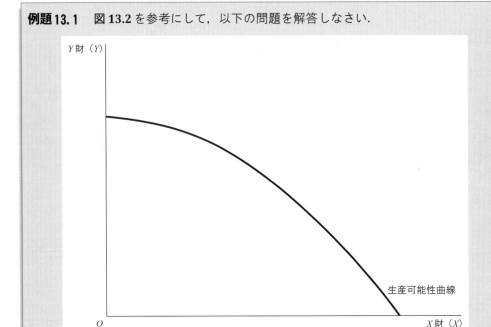

図13.2 生産可能性曲線と交換経済のエッジワース・ボックス

(1) 図13.2の生産可能性曲線上の任意の点を選び，交換経済のエッジワース・ボックスを描きなさい．

(2) 原点OをO_Aと書き直し，O_Aを原点とする消費者Aの無差別曲線を2本描き，U_0^AとU_1^A（$U_0^A < U_1^A$）としなさい．また，選択した生産可能性曲線上の任意の点をO_Bとし，O_Bを原点とする消費者Bの無差別曲線を2本描き，U_0^BとU_1^B（$U_0^B < U_1^B$）としなさい．ただし，消費者の無差別曲線は原点に対して内側にふくらむように描き，かつ，U_0^AとU_1^B，およびU_1^AとU_0^Bは，それぞれ一点で接するように描きなさい．

(3) O_AとO_Bを通る契約曲線を図13.2に描きなさい．

13.2 生産物構成の効率性

例題 13.2 図 13.3 を参考にして，以下の問題を解答しなさい．

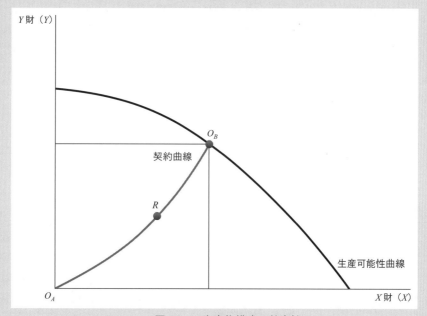

図 13.3 生産物構成の効率性

(1) 図 13.3 の R 点に生産物構成の効率性を満たすように，消費者 A の無差別曲線 U_1^A と消費者 B の無差別曲線 U_0^B を描きなさい．

(2) O_B 点における生産可能性曲線の接線と R 点における無差別曲線の接線をそれぞれ描きなさい．

(3) O_B 点における生産量の組み合わせがパレート効率的な場合に，限界変形率（MRT），消費者 A の限界代替率（MRS_A），消費者 B の限界代替率（MRS_B）が満たす関係式を空欄に示しなさい．

$$\hspace{10cm} \tag{13.1}$$

【解答のヒント】
- **生産物構成の効率性**を満たすためには，消費者が望むような形で生産可能性曲線上の生産量が選択されなければならない．
- 生産可能性曲線上で2財の生産の資源配分が決定すれば生産の効率性を満たす．その上で，契約曲線上で2財の消費の資源配分が決定すれば交換の効率性を満たす．
- (13.1) 式が生産物構成の効率性が成立する条件である．この条件は，限界変形率の大きさと限界代替率の大きさに依存する．

例題13.3 図13.4のQ点で示される消費の組み合わせでは，生産物構成の効率性が達成されていないことを以下の問題の空欄に数値を入れることで示しなさい．

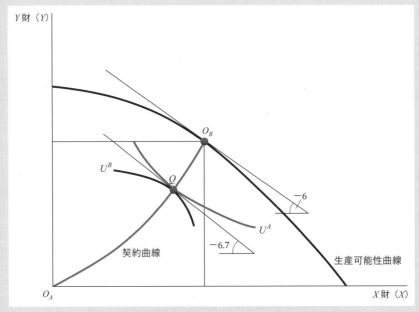

図 13.4 限界変形率と限界代替率が一致しない場合

消費者Aは，Q点からX財の消費量を追加的に1単位増加したとき，効用を一定に保つためには，Y財の消費量を $\boxed{}^A$ 単位あきらめてよいと考えている．

一方，O_B点からX財の生産量を追加的に1単位増加するには，Y財の生産量を $\boxed{}^B$ 単位あきらめれば済む．そこで，生産可能性曲線に沿って，Y財の生産量を $\boxed{}^B$ 単位減少させ，X財の生産量を追加的に1単位増加させよう．そして，消費者Bの消費量の組み合わせを変えずに，消費者AのX財の消費量をQ点から追加的に1単位増加する代わりに，Y財の消費量を $\boxed{}^B$ 単位あきらめてもらおう．このとき，消費者Aは $\boxed{}^A$ 単位から $\boxed{}^B$ 単位を差し引いた $\boxed{}^C$ 単位分のY財の消費量を失わなくて良いため，効用を上げることができる．

以上から，生産物構成を変えることで，消費者Bの効用を低下させずに，消費者Aの効用を上げることができるため，$MRT < MRS$ の状態はパレート効率的とはいえない．

【解答のヒント】
- 生産可能性曲線上で2財の生産の資源配分が決定すれば生産の効率性を満たし，かつ，契約曲線上で2財の消費の資源配分が決定すれば交換の効率性を満たす．しかし，これらを同時に満たしても，限界変形率と限界代替率の大きさが異なれば，生産物構成の効率性を満たさない．
- 生産物構成の効率性は，最終的には消費者の観点から考える．すなわち，消費者の選好を反映するように生産量を変化させ，パレート効率的な資源配分を探す．
- 他の誰かの効用を下げることなしには，ある人の効用を上げられないとき，そのような資源配分はパレート効率的になる．
- 図13.4の場合，O_B 点では，パレート効率的な状態に比べて，Y 財が過大に生産され，X 財が過小に生産されている．

例題13.4 財市場が完全競争的であれば，均衡では生産物構成の効率性が達成されることを空欄に式で示しなさい．

(1) 企業の利潤（収入）最大化の観点から，財の生産量は限界変形率（MRT）と相対価格（P_X/P_Y）が次式を満たすように決定される．

（13.2）

(2) 消費者の効用最大化の観点から，財の消費量は限界代替率（MRS）と相対価格（P_X/P_Y）が次式を満たすように決定される．

（13.3）

(3)（13.2）式と（13.3）式から，相対価格を媒介として，生産物構成の効率性を示す次式が成立する．

（13.4）

【解答のヒント】
- 企業は，生産可能性曲線の傾きの絶対値と等収入線の傾きの絶対値が等しくなるように，X 財と Y 財の最適な生産量を決定する．

- 消費者は，無差別曲線の傾きの絶対値と予算制約線の傾きの絶対値が等しくなるように，X財とY財の最適な消費量を決定する．
- (13.4) 式から完全競争市場では，パレート最適な生産と消費の資源配分が実現する（厚生経済学の第1基本定理）ことが確認できる．

練習問題

13.1 経済には2人の消費者（消費者Aと消費者B）と，2種類の財（X財とY財）が存在しているとしよう．ただし，生産量は変化できるとする．

① 横軸にX財の量，縦軸にY財の量をとり，原点に対して外側にふくらむような生産可能性曲線を描きなさい．

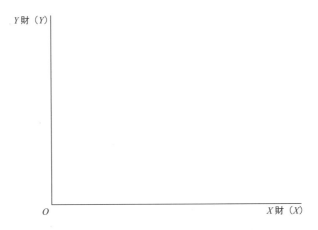

② 生産可能性曲線上の任意の点を選び，エッジワース・ボックスを描きなさい．この図の左隅の原点をO_Aとし，消費者Aの無差別曲線（U_0^A, U_1^A，ただし$U_0^A < U_1^A$）を2本描きなさい．また，図の右隅を消費者Bの原点O_Bとし，消費者Bの無差別曲線（U_0^B, U_1^B，ただし$U_0^B < U_1^B$）を2本描きなさい．なお，消費者の無差別曲線は原点に対して内側にふくらむように曲線で示しなさい．さらに，U_0^AとU_1^B，およびU_1^AとU_0^Bは，それぞれ1点で接するように描きなさい．

③ 図に契約曲線を描きなさい．

13.2 （Y財で測られる）限界変形率が1で，（Y財で測られる）限界代替率が5であるとしよう．このとき，生産物構成を変更することで，パレート改善できることを述べなさい．

第 14 章
情報の非対称性

> **Outline**

　完全競争市場では，消費者と生産者は取引する財の品質に関して十分な知識を持っていることを前提としてきた．このような状態を**対称情報**と呼ぶ．

　それに対して，消費者と生産者の一方が財の品質に関して十分な知識を持っているが，他方が持っていない状態を**非対称情報**と呼ぶ．

　第 14 章では，非対称情報が深刻な問題となる保険取引について学ぶ．

　そもそも，人々が保険を需要しようとするのは，情報の不確実性（リスク）から生じる所得の変動を低減したいからである．このような人々を**リスク回避者**と呼ぶ．

　それに対して，所得の期待値にしか興味のない経済主体を**リスク中立者**と呼ぶ．

　保険取引では，図 14.1 のようなリスク中立者である保険会社とリスク回避者である保険加入者の 1 対 1 の取引（契約）を考える．

図 14.1　保険取引

　パレート効率的な状態は，リスク中立者である保険会社がリスク回避者の所得変動をすべて負うことである．

　しかし，保険会社が保険加入者の行動を観察できないため，保険取引では**モラル・ハザード**（道徳的危険）の問題が生じる．

　また保険会社が保険加入者の性質を観察できないため，保険取引では**アドバース・セレクション**（逆淘汰，逆選択）の問題が生じる．

14.1 不確実性と期待効用

例題 14.1 ある個人の効用は，次式の効用関数（U）に示されるように獲得できる資産額 W に依存しているとしよう．

$$U = W^{\frac{1}{2}}$$

(1) (A), (B), (C) の空欄には効用（U）を，(D) と (E) の空欄には限界効用（MU）を計算し，**表 14.1** を完成しなさい．

表 14.1 資産額と効用の関係

W	U	MU
1	(A) 〔 〕	(D) 〔 〕
2	1.414	0.318
3	1.732	(E) 〔 〕
4	(B) 〔 〕	0.236
5	2.236	
⋮	⋮	⋮
9	(C) 〔 〕	

(2) 資産額が 1 のときの効用を A 点，資産額が 5 のときの効用を B 点，資産額が 9 のときの効用を C 点として，**図 14.2** の効用関数上に示しなさい．また，B 点と縦軸を水平の破線で結び，効用の大きさ（数値）を縦軸に示しなさい．

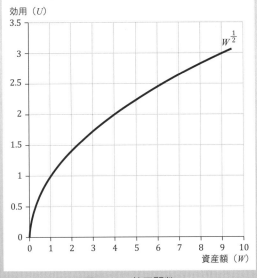

図 14.2 効用関数

【解答のヒント】
- 効用は資産額が高くなれば高くなるほど上昇する.
- この例題の場合,資産額が高くなるにつれ効用の伸び方は小さくなる.すなわち,限界効用は逓減する.これは,追加的に資産が増加するときの喜びは,資産額が低いときのほうが,それが高いときに比べて大きいという仮定を反映している.

例題 14.2 確率 $1/2$ で1の賞金,確率 $1/2$ で9の賞金が当たるくじがあるとしよう.

(1) このくじの期待賞金額を計算しなさい.

(2) くじを引く人はリスク回避的であり,効用関数は例題14.1同様に $U=W^{1/2}$ と表せるとしよう.このとき,このくじから得られる期待効用の大きさを計算しなさい.

(3) 図 14.3 の A 点と C 点を点線で結び,この点線上に (2) で求めた期待効用を表す点を D 点として示しなさい.

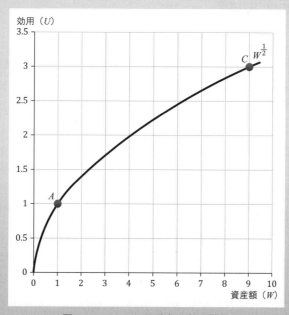

図 14.3 リスク回避者の効用関数

続く ➡

(4) このくじの期待賞金額と同じ金額を確実に得られるときの効用を B 点として，図 14.3 の効用関数上に示しなさい．

【解答のヒント】
- ある事象が生じる確率はわかっているが，どの事象が実際に生じるかをわかっていない状況を**リスク**のある状況という．
- あるくじで，確率 p_1 で W_1 円の賞金がもらえ，確率 p_2 で W_2 円の賞金がもらえるとしよう．ただし，$0<p_1<1$，$0<p_2<1$，$p_1+p_2=1$ とする．この賞金の期待値 $E[W]$ は次式のようになる．

$$E[W]=p_1W_1+p_2W_2$$

- **期待効用**とは効用の期待値のことであり，次式のように表現される．

$$E[U(W)]=p_1U(W_1)+p_2U(W_2)$$

- D 点は A 点と C 点を結んだ中間点に位置する．
- 資産額に関する効用関数が**図 14.3** のように上に向かってふくらんでいる（賞金額の限界効用は逓減する）人の効用は，リスクのあるくじを引くよりも確実にそのくじの賞金の期待値を得られるときのほうが高くなる．このような人を**リスク（危険）回避者**と呼ぶ．

14.2 資産制約線

例題 14.3 ある個人は 40 の資産額を保有しているが，確率 1/2 で事故に遭い，30 の損失を被るとしよう．ただし，この個人が，保険会社に保険料 qI を支払うと（q は保険料率），事故に遭遇した場合に保険金 I を受け取ることができるものとする．このとき，この個人が保険に加入し，かつ事故に遭遇しなかった場合の資産額 W_0 と，事故に遭遇した場合の資産額 W_1 はそれぞれ次式のように示される．

(14.1) $$W_0=40-qI$$
(14.2) $$W_1=10-qI+I$$

保険会社はリスク中立的であり，この個人に保険会社の期待利潤がゼロになるような保険を提供するとしよう．ただし，保険会社には，保険金の支払いを除いて一切の費用はかからないと仮定する．このとき，保険会社の期待利潤は次式のように示される．

(14.3) $$\frac{1}{2}(qI)+\frac{1}{2}(qI-I)=0$$

続く→

（1）（14.3）式から保険料率 q を計算しなさい．

（2）（14.1）式を I について解き，（14.2）式の右辺に代入し，W_1 と W_0 の関係式を求めなさい．

(14.4)　$W_1 =$

（3）（14.4）式の保険料率 q を（1）で求めた値に置き換え，個人の資産制約式を W_1 について解きなさい．

(14.5)

（4）（14.5）式の資産制約線を図 **14.4** に描きなさい．なお，図 **14.4** の A 点は，保険を購入しないときの資産の組み合わせを示している．

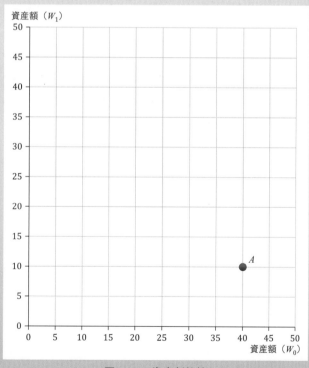

図 **14.4**　資産制約線

【解答のヒント】

- **リスク中立者**とは，所得（収入）の期待値だけに関心があり，リスクには関心がない経済主体を指す．
- 保険市場が競争的であると，期待利潤がゼロになるまで，保険会社の参入または退出が起きる．
- 期待利潤がゼロになるような保険を**公正な保険**と呼ぶ．
- 保険を購入せず，かつ事故に遭遇しないときの資産額は40になる．したがって，横軸で測った場合の資産額は40より大きくなることはない．一方，保険を購入せず，かつ事故に遭遇したときの資産額は10（資産額40から損失額30を差し引いた値）になる．このため，縦軸で測った場合の資産額は10より小さくなることはない．以上の理由から，A点が示されている．
- 資産額をW，事故遭遇確率をp（$0<p<1$），損失額をLと表そう．ここで，公正な保険が提供されると，資産制約式は次式のように一般化される．

(14.6) $$W_1 = -\frac{1-p}{p}W_0 + \frac{1}{p}W - L$$

- 上の表現を用いると，(14.1) 式は$W_0 = W - qI$，(14.2) 式は$W_1 = W - L - qI + I$になる．最初の式をqIについて解き，(14.3) 式の左辺第1項に代入し，後の式を$qI - I$について解き，(14.3) 式の左辺第2項に代入しよう．事故遭遇確率をpに置き換えると，保険会社の期待利潤を表す式は次のようになる．

(14.7) $$(1-p)(W - W_0) + p(W - L - W_1) = 0$$

- (14.7) 式をW_1について解くと，(14.6) 式の資産制約式と等しくなる．すなわち，資産制約線は，保険会社の期待利潤がゼロになるように描かれている．このことは，資産制約線は，同時に保険会社の等利潤曲線（または保険会社の期待利潤をゼロとするような無差別曲線）を示していることを意味する．

14.3 最適保険金

例題14.4 ある個人はリスク回避的であり，例題14.3の状況に直面しているとしよう．図14.5のA点を通る破線 U_0 は，この個人が保険を購入しなかったときの無差別曲線を示している．

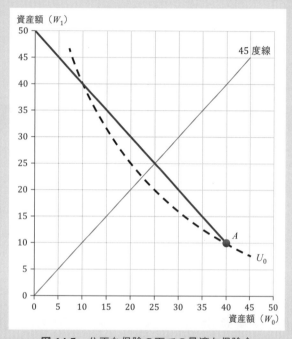

図14.5 公正な保険の下での最適な保険金

(1) 図14.5に，この個人の効用が最大になる無差別曲線 U_1 を描いた上で，最適点 E 点を示しなさい．

(2) (1)からこの個人が事故に遭遇したときに保険会社から受け取る保険金を計算しなさい．

【解答のヒント】
- 消費者は確率 p で事故に遭遇するとしよう．事故に遭遇しなかったときの資産額を W_0，事故に遭遇したときの資産額を W_1 とすると，リスク回避的な消費者の期待効用関数 $E[U(W)]$（ただし，単純に V と表す）は次のように表せる．

$$V = (1-p)U(W_0) + pU(W_1)$$

- 資産額 W_0, W_1 が同時に変化したときの効用の変化は，$\partial U/\partial W_0 = U'(W_0)$, $\partial U/\partial W_1 = U'(W_1)$ に注意すると，次のように表現される（全微分）．

  (14.8) $$dV = (1-p)U'(W_0)dW_0 + pU'(W_1)dW_1$$

- ここで，無差別曲線上の資産額の動きを調べるために，効用が変化しないように（$dV=0$），資産額を変化させてみよう．$dV=0$ に注意すると（14.8）式は次のように書き換えることができる．

  $$\frac{dW_1}{dW_0} = -\frac{1-p}{p}\frac{U'(W_0)}{U'(W_1)}$$

- 資産額の限界効用 $U'(W)$ の符号はプラスであるから，無差別曲線の傾きはマイナスになる．これは，事故に遭遇しなかったときの資産額が増加する場合は（$dW_0>0$），効用を一定に保つには，事故に遭遇したときの資産額を減少してもよい（$dW_1<0$）ことを意味する．したがって，無差別曲線は右下がりになる．

- この式の両辺にマイナスの符号を掛け合わせると，次式のように右辺が限界代替率として表現できる．

  (14.9) $$-\frac{dW_1}{dW_0} = \frac{1-p}{p}\frac{U'(W_0)}{U'(W_1)}$$

- 無差別曲線上にとどまるように，さらに事故に遭遇しなかったときの資産額を増加し（$dW_0>0$），事故に遭遇したときの資産額を減少させたとしよう（$dW_1<0$）．リスク回避的な効用関数を持つ主体の資産額の限界効用は逓減することに注意すると，(14.9) 式右辺の分子 $U'(W_0)$ は小さくなり，分母 $U'(W_1)$ は大きくなる．したがって，無差別曲線上を右下に移動すると，限界代替率は小さくなる．限界代替率が逓減するため，無差別曲線は原点に対して内側にふくらんだ形状になる．

- 最適点は，資産制約線上にあり，かつ無差別曲線の傾きの絶対値と資産制約線の傾きの絶対値が一致するため，次の条件を満たす．

  $$\frac{1-p}{p}\frac{U'(W_0)}{U'(W_1)} = \frac{1-p}{p}$$

- この条件式から，$U'(W_0) = U'(W_1)$，すなわち事故に遭遇しなかったときの限界効用と事故に遭遇したときの限界効用が等しくなるように，個人は保険金を決定する．

- 事故に遭遇しなかったときの資産額と事故に遭遇したときの資産額が等しければ（$W_0=W_1$），$U'(W_0)=U'(W_1)$ の条件を満たす．

- 以上から，$W_0=W_1$ を満たすように最適保険金が決定されるため，最適点は資産制約線上に存在し，かつ45度線上に存在することになる．

- 公正な保険の下では，リスク回避的な個人はリスクをまったく負わない状態になっている（$W_0=W_1$）．

- リスク中立的な保険会社の（期待）利潤は保険取引の有無に関わらずゼロのままである．一方，リスク回避的な個人は保険取引により効用が高まる．このように保険取引は，リスク回避者の資産変動をリスク中立者が引き受けることで，パレート改善を実現する．

14.4 隠された行動

例題14.5 例題14.3，例題14.4の状況を考慮しよう．すなわち，リスク中立的な保険会社は事故の遭遇確率 1/2 を前提に保険料率 1/2 の公正な保険を提供し，リスク回避的な個人が事故に遭遇したときは保険金 30 を支払う．この結果，個人の資産額は事故に遭遇しても遭遇しなくても 25 になる．個人の効用関数は $U=W^{1/2}$ に従うとして，以下の問題を解答しなさい．

(1) このときの個人の期待効用を計算しなさい．

(2) この個人が保険契約後に努力を怠ると，事故の遭遇確率が 3/4 に高まるとしよう．ただし，努力を怠ることの利益として，個人の効用は 5 だけ追加的に高まるとする．なお，保険会社は情報の非対称性のため個人の行動（努力）を観察できず，保険料率を事後的に変更できないと仮定する．仮に個人がこのような行動を取ったときの期待効用を計算しなさい．

(3) (1) の期待効用水準と (2) の期待効用水準を比較し，個人が努力を怠る可能性があるか答えなさい．

【解答のヒント】
- 例題14.4からリスク回避的な個人はリスクをまったく負わない状態になっている．ここで，$W_0=W_1=\bar{W}$ とすると，$U(W_0)=U(W_1)=U(\bar{W})$ になる．このとき，期待効用は次のように示される．

$$(1-p)U(W_0)+pU(W_1)=U(\bar{W})$$

- 努力を怠ることにより事故に遭遇する確率が α ($\alpha > p$) に上昇する．ただし，契約内容は変わらないため，資産額は $W_0 = W_1 = \bar{W}$ である．努力を怠ることの利益として，個人の効用が B だけ追加的に高まるとする．このとき，期待効用は次のように示される．

$$(1-\alpha)U(W_0) + \alpha U(W_1) + B = U(\bar{W}) + B$$

- (2) の問題は，努力を怠ることの利益として，個人の効用が5だけ追加的に高まると仮定している．このことは，努力をした場合は，事故に遭遇する確率を p に低められるが，努力する費用が5だけ追加的にかかり，この分だけ期待効用が低下することを意味する．

【解説】
- **情報の非対称性**（非対称情報）とは，ある経済主体は取引に影響を与える情報を保有しているが，別の経済主体は保有していない状態のことを指す．情報の非対称性は契約相手の行動を観察できない「**隠された行動**」と，契約相手の性質（情報）を観察できない「**隠された性質（情報）**」の2種類に大別される．例題14.5は，「隠された行動」の例である．
- 隠された行動によって，適切な行動を取らなくなることを，**モラル・ハザード**という．
- モラル・ハザードにより，保険会社の利潤は赤字になる．不適切な行動を防ぐ一つの方法は，損害額の一部を保険加入者に負担させる免責金額を設けることである．
- 情報の非対称性はプリンシパル・エージェント（依頼人・代理人）理論を用いて分析されることが多い．モラル・ハザードを扱う理論では，依頼人は代理人に契約に参加する誘因（参加条件）を与えた上で，代理人が隠された行動を利用して，不適切な行動を取らないような誘因（誘因両立性条件）を与える契約を提示する．
- この結果，依頼人は，代理人が努力した場合に支払う報酬を，対称情報の場合に比べて高くし，努力しなかった場合に支払う報酬を低くする．これにより依頼人の努力を引き出すことになる．ただし，報酬が変動するため，リスク回避的な代理人の参加をとどめるためには，代理人が努力した場合に支払う報酬を十分高くする必要がある．このため，依頼人の利得は，この高い報酬分だけ対称情報の場合に比べて低下する．

14.5 隠された性質

例題 14.6 リスク回避的な個人が保険に加入しようとしているとしよう．ここで，保険に加入しようとする人には事故に遭遇する確率の低いタイプ L と，確率の高いタイプ H が存在すると仮定する．図 14.6（W_0 は事故に遭遇しなかったときの資産額，W_1 は事故に遭遇したときの資産額，U と V は無差別曲線）を参考にして，以下の問題を解答しなさい．

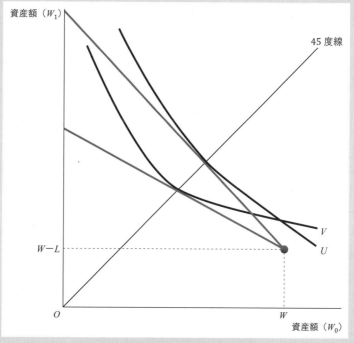

図 14.6 隠された性質と分離均衡

(1) 保険会社は対称情報のため，各タイプに応じて公正な保険料率を設定できるとしよう．仮に，保険加入者がタイプ L のとき，この個人の期待効用が最大になる最適点を l 点として，図 14.6 に示しなさい．同様に，仮に，保険加入者がタイプ H のとき，この個人の期待効用が最大になる最適点を h 点として，図 14.6 に示しなさい．

(2) 保険会社は非対称情報のため，保険加入者がどちらのタイプが識別できないとしよう（隠された性質）．このとき，保険会社が (1) の最適点を満たすような保険料率と保険金の組み合わせを提示し続けると，仮に保険加入者がタイプ H の場合，この個人はどのような行動を取るか答えなさい．

続く ➡

(3) 図14.6に保険会社の期待利潤をゼロに保ったまま，タイプを識別するような点をタイプ L の保険加入者の資産制約線上に示し，s 点としなさい．また，この点をタイプ L の保険加入者が選択したときの無差別曲線 Z を描きなさい．

【解答のヒント】

- (14.6) 式から，事故確率が高くなると，資産制約線の絶対値で測った傾きは小さくなり，縦軸の切片も小さくなる．
- 情報が対称的な場合，リスク中立的な保険会社はタイプ毎に異なる保険料率（保険料率は事故確率に一致する）を請求し，かつすべてのリスクを負うような保険金を支払うことが可能になる．したがって，リスク回避的な保険加入者はタイプに関わらず，リスクをまったく負わない．このため，対称情報の下では，最適点は資産制約線上かつ45度線上に位置することになる．
- (2) の問題のように，事故確率が高いタイプ H が，隠された性質を利用して行動すると，保険会社の期待利潤は赤字になる．このため，対称情報の下で提示されるような保険料率と保険金の組み合わせは，非対称情報の下では提示できなくなる．
- 保険加入者は，他のタイプに提示された保険と自分のタイプに応じて提示された保険が，同じ効用をもたらすならば（無差別ならば），自分のタイプに応じて提示された保険に加入すると仮定する．
- 情報の非対称性が存在するときに，異なる選択肢を提示することで，保険加入者に自発的に自分の性質を表明する選択肢を選ばせることを，自己選択という．
- このように情報が少ない経済主体が情報の多い経済主体から情報を引き出すことを，**スクリーニング**と呼ぶ．
- 非対称情報の下で，異なる事故確率を持つ性質に応じて，別々の保険料率と保険金が提示され，保険加入者が自己の性質に応じた保険に加入するような均衡があるとき，そのような均衡は**分離均衡**と呼ばれる．
- 非対称情報の下での分離均衡では，対称情報のときと同じように，保険会社の期待利潤はゼロになる．また，保険加入者がタイプ H の場合は効用水準も変わらない．一方，保険加入者がタイプ L の場合は，事故に遭遇したときに支払われる保険金が対称情報のときに比べて低下し，かつリスクを負うことになるため，効用水準が低下する．

【解説】

- 保険会社が，保険加入者が事故を起こしにくいのか，事故を起こしやすいのかを識別できず，例えば平均的な事故確率に応じて保険料率（**一括均衡**）を決定すると，事故を起こしにくい人が不利になり，事故を起こしやすい人が有利になる．この結果，事故を起こしにくい人の保険加入の誘因が低下し，結果として保険市場で優良な人が淘汰される可能性がある．これを，**アドバース・セレクション**という．

練習問題

14.1 確率3/4で0の賞金，確率1/4で100の賞金が当たるくじがあるとしよう．

① このくじの期待賞金額を計算しなさい．

② このくじから得られる期待効用を計算しなさい．ただし，くじを引く人はリスク回避的であり，効用関数（U）が次のように表せるとしよう．
$$U = W^{\frac{1}{2}}$$

③ このくじの期待賞金額と同じ金額を確実に得られるときの効用を計算しなさい．

④ （A）くじを引く，（B）期待賞金額を確実に得る，という2つの選択肢があるとき，この人はどちらの選択肢を選ぶか答えなさい．

14.2 次の問題の状態や行動を説明する適切な用語を答えなさい．

① ある人は取引に影響を与える情報を保有しているが，相手は保有していない状態．

② 隠された行動によって，適切な行動を取らなくなること．

③ 隠された性質によって，優れた経済主体が市場から淘汰されること．

14.3 あるリスク回避的な人はWの資産額を保有しているが，ある確率で事故に遭い，Lの金額（$W>L$）を失うとしよう．ここで，この人が，保険会社に保険料qIを支払うと（qは保険料率），事故に遭遇した場合に保険金Iを受け取ることができるものとする．保険市場は競争的で，保険会社はリスク中立的と仮定しよう．また，保険会社には，保険金の支払いを除いて一切の費用はかからないと仮定する．

次に，保険を加入しようとする人には事故に遭遇する確率が高いタイプH（確率p_H）と，確率が低いタイプL（確率p_L）が存在すると仮定しよう．ここで，保険加入者は自分のタイプを知っているが，保険会社は，非対称情報のため，保険加入者がどちらのタイプに属するか識別できないとする（隠された性質）．

続く ➡

① 図の横軸に事故に遭遇しなかったときの資産額 W_0, 縦軸に事故に遭遇したときの資産額 W_1 を描き, 保険会社がタイプ H から得られる期待収入がゼロとなる等収入線 (R_H) を描きなさい. さらに, 保険会社がタイプ L から得られる期待収入がゼロとなる等収入線 (R_L) を描きなさい.

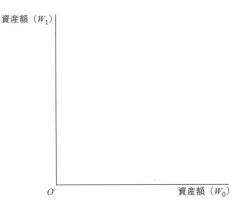

② 対称情報の場合の, タイプ H の最適点 h とタイプ L の最適点 l を図に示しなさい. その際, 右下がりで原点に対して内側にふくらんでいるタイプ H の無差別曲線 U_H とタイプ L の無差別曲線 U_L を示しなさい.

③ 非対称情報の場合は, タイプ H の保険加入者はタイプ L と偽る可能性がある. そこで, 両タイプが契約を結び, かつ片方が他方のタイプと偽らない契約の組み合わせ(タイプ H に提示される点を η, タイプ L に提示される点を μ とすること)を図に示しなさい.

④ ③で提示される契約の組み合わせによって, 保険加入者は自ら自分のタイプを表明する. このように情報を保有していない経済主体が, 保有している経済主体の情報を引き出そうとすることを, 専門用語で答えなさい.

⑤ ③で提示される契約の組み合わせによって, 対称情報の場合と比べて, 厚生が変化するのはどの経済主体になるか, その変化の方向と合わせて答えなさい.

補論 経済数学

　大学1年次を中心に学ぶ入門・初級のミクロ経済学では，四則演算以外の数学が使われていない傾向にある．また，価格と需要量の関係や，価格と供給量の関係といった興味のある変数間の関係はできるだけ図表（グラフ）を用いて表す努力がなされている．

　それに対して，中級（大学2年次）以降のミクロ経済学では，四則演算に加え，関数の微分を用いて消費者行動，生産者行動を説明する傾向にある．

　以下では，本書で使用する経済数学の要点をまとめている．

A.1　関　数

- 図に表現された直線や曲線は，数式で表現することができる．
- 例えば，次のような数式を考えよう．

$$Y = 4 + 2X$$

- ここで，X はいろいろな値をとり得る変数（例えば，0，1，2，3，…）である．このとき，Y も X の値に対応して変化するため変数（例えば，X が0であれば Y は4，X が1であれば Y は6，…）になる．
- 一方，2（X の係数）や4（定数項）は常に固定されている．このように，固定している値を定数という．
- 2つの変数 X と Y の間に，X の値を決めるとそれに対応した Y の値が定まる，という関係があるとき，X は Y の関数であるといい，$Y = f(X)$ と表現される．ここで，f は関数（function の頭文字）を表す記号である．
- この関数において，X は独立変数（説明変数），Y は従属変数（被説明変数）と呼ぶ．
- 価格 P が与えられるとそれに対応した需要量 D が定まるため，需要関数は $D = D(P)$ と表現される．X 財の消費量 X に応じて便益水準 U が決まるとき，便益関数は $U = U(X)$ と表現される．このように，経済学では関数を表す記号を左辺に表現される記号を用いて表すことが多い．

A.2　平均変化率

- 関数が1次式で表現されるとき，その関数を1次関数と呼ぶ．1次関数は図にすると

直線（線形）で表現される．
- 関数を図に表すとき，一般的には，横軸に独立変数，縦軸に従属変数をとる．
- 例えば，次のような数式を考えよう．

$$Y = a + bX$$

- この式をグラフにすると，縦軸の切片の値（Xが0のときのYの値）がa，直線の傾き（勾配）がbになる．
- 仮に，$a>0$，$b>0$とすると，この式は図**A.1**の直線のようになる．

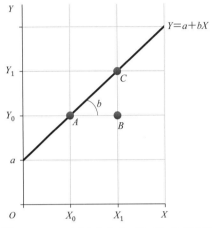

図 A.1 $Y=a+bX$（$a>0$，$b>0$）のグラフ

- 図**A.1**において，A，B，Cの各点を直線で結び，直角三角形に見立てると，線分AB（以下，線分は省略）は直角三角形ABCの底辺の長さ，BCは垂辺の長さと見なすことができる．この比率は，次式のように$\angle A$（正接）を求める式（$\tan A$）に等しい．

$$\frac{BC}{AB} = \tan A \quad (線分ACの傾き)$$

- AからBへの移動は，横軸上のX_0からX_1の変化に，BからCへの移動は，縦軸上のY_0からY_1の変化に等しい．ここで，$\Delta X = X_1 - X_0$，$\Delta Y = Y_1 - Y_0$と表すと（Δはデルタと読み，変化を表す記号），上の$\angle A$を求める式は次式のように表現できる．

$$\frac{\Delta Y}{\Delta X} = \frac{(Y_1 - Y_0)}{(X_1 - X_0)} = \frac{BC}{AB} = 線分ACの傾き$$

- この式は，Xの値が1単位変化した（Xの変化幅を1とした）ときに，どれだけYの値が変化するかを示しており，平均変化率と呼ばれる．

A.3 瞬間変化率（微分係数）

- 2次関数（図**A.2**），3次関数，分数関数などを図表にすると直線ではなく曲線で表現される．曲線の傾きは以下に示すように接線の傾きを用いて計測する．
- 図**A.2**の$Y=f(X)$において，横軸上をX_0からX_2に移動すると，縦軸上をY_0からY_2に移動する．この移動の平均変化率を求めると，次式のようになる．

$$\frac{\Delta Y}{\Delta X} = \frac{(Y_2 - Y_0)}{(X_2 - X_0)} = 線分ACの傾き$$

- この平均変化率に基づいてX_0からX_1の移動に伴うYの変化先を予想すると線分AC上にあるD点に到達する．これは，$Y=f(X)$上にある実際の変化先B点（Y_1）よりも大きくなる．

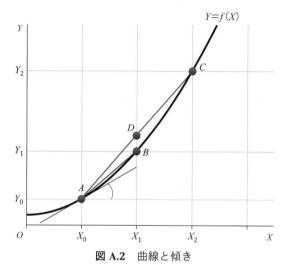

図 A.2 曲線と傾き

- このように異なった変化先が予測されたのは，曲線の場合は，直線の場合と異なり，変化の幅を変えると，平均変化率の値が異なるからである．すなわち，横軸上をX_0からX_1に移動すると，実際には縦軸上のY_0からY_1への移動にとどまるため，平均変化率は次のように小さくなる．

$$\frac{\Delta Y}{\Delta X} = \frac{(Y_1 - Y_0)}{(X_1 - X_0)} = 線分ABの傾き$$

- さらに変化の幅を小さくし，変化後の移動先を限りなくX_0に近づけると，A点における瞬間変化率または微分係数を求めることできる．これは次式のように，A点における接線の傾きに等しくなる．

$$\frac{dY}{dX} = A点における接線の傾き$$

- この式では変化幅が限りなく小さいことを表現するためΔをdに置き換えている．

A.4 導関数と微分

- 関数が曲線で表現されると，微分係数（接線の傾き）はXがとる値に応じて変化する．すなわち，dY/dXはXの関数になる．そこで，dY/dXはYの導関数と呼ばれる．dY/dXは単純にY'（Yダッシュ，Yプライム）や$f'(X)$，f_Xと表すこともある．
- 導関数は$Y=f(X)$上にある各点における接線の傾きを求める関数である．
- Xの関数であるYから導関数Y'を求めることを，YをXについて微分するという（$Y=f(X)$を微分すると，導関数を得る）．

A.5 微分法の公式

累乗

$$Y = X^N \Rightarrow Y' = NX^{N-1}$$

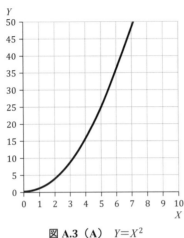

図 A.3（A） $Y = X^2$

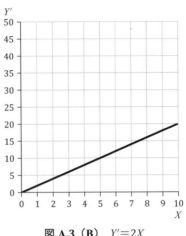

図 A.3（B） $Y' = 2X$

定数

$$Y = k \Rightarrow Y' = 0 \quad (k は定数)$$

定数倍

$$Y = kf(X) \Rightarrow Y' = kf'(X) \quad (k は定数)$$

和・差

$$Y = f(X) \pm g(X) \Rightarrow Y' = f'(X) \pm g'(X)$$

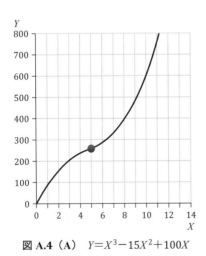

図 A.4（A） $Y = X^3 - 15X^2 + 100X$

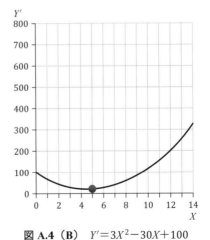

図 A.4（B） $Y' = 3X^2 - 30X + 100$

積

$$Y=f(X)g(X) \Rightarrow Y'=f'(X)g(X)+f(X)g'(X)$$

商

$$Y=\frac{f(X)}{g(X)} \Rightarrow Y'=\frac{f'(X)g(X)-f(X)g'(X)}{\{g(X)\}^2} \quad (ただし，g(X)\neq 0)$$

合成関数

- $Y=f(X)$ を X について微分したいが，複雑な関数のために上記の方法では微分することが難しいとしよう．このとき，媒介変数 Z を作成した上で，この複雑な関数を2つの関数 $Y=g(Z)$，$Z=h(X)$ に分け，新たに合成関数 $Y=g(h(X))$ を作成すると，次式の方法で Y を X について微分することが可能になる．

$$\frac{dY}{dX}=\frac{dY}{dZ}\frac{dZ}{dX}$$

A.6　2階の微分係数

- 図 **A.5**（**A**）と（**B**）の Y はどちらも X の増加関数になる．しかし，図 **A.5**（**A**）では，接線の傾きが X の増加とともに大きくなるのに対し，（**B**）では小さくなる．

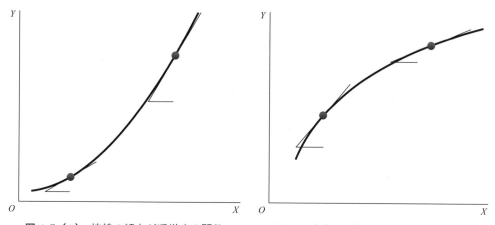

図 A.5（A） 接線の傾きが逓増する関数　　**図 A.5（B）** 接線の傾きが逓減する関数

- 接線の傾きは，X の大きさに依存して変化するため，導関数は X でさらに微分できる．
- 導関数 Y' の導関数は2階の導関数と呼ばれ，

$$\frac{d}{dX}\left(\frac{dY}{dX}\right)=\frac{d^2Y}{dX^2}$$

または，単純に Y'' や f'', f_{XX} と表される．
- 2階の導関数の値は2階の微分係数と呼ばれる．
- 導関数 $f'(X)$ を微分し，$X=X_0$ における2階の微分係数を求め，その符号がプラス，すなわち $f''(X_0)>0$ ならば，曲線の勾配は増加する．このことは，接線の傾きが X

の微増により大きくなることを意味する．逆にマイナス，すなわち$f''(X_0)<0$ならば，曲線の勾配は減少する．このことは，接線の傾きがXの微増により小さくなることを意味する．

- **図 A.5（A）**のように2階の微分係数がすべてのXについて$f''(X)>0$のとき，関数$f(X)$を狭義凸関数と呼ぶ．一方，**図 A.5（B）**のように2階の微分係数がすべてのXについて$f''(X)<0$のとき，関数$f(X)$を狭義凹関数と呼ぶ．

A.7　関数の最大値，最小値

- 本書では，入門・初級のミクロ経済学で紹介される消費者余剰の最大化や，生産者余剰の最大化を数式を用いて解く問題を出題している．
- **図 A.6（A）**の関数の最大値では，曲線上の接線の傾きである1階の微分係数がゼロ，すなわち，$f'(X_0)=0$になる．同様に，**図 A.6（B）**の関数の最小値でも，1階の微分係数がゼロ（$f'(X_0)=0$）になる．

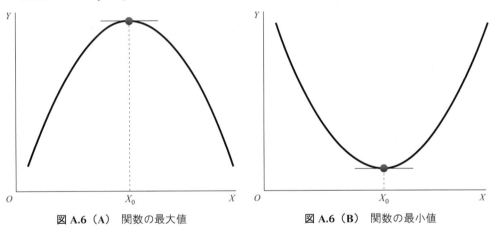

図 A.6（A）　関数の最大値　　　図 A.6（B）　関数の最小値

- 最大値と最小値を見分けるためには，曲線の形状に注意する必要がある．
- 図が示されていない場合は，2階の微分係数を求めることで識別できる．
- **図 A.6（A）**の関数はすべてのXについて2階の微分係数の符号がマイナスになる（$f''(X)<0$，狭義凹関数）．したがって，$f'(X_0)=0$かつ$f''(X)<0$ならば，関数はX_0で最大になる．
- **図 A.6（B）**の関数はすべてのXについて2階の微分係数の符号がプラスになる（$f''(X)>0$，狭義凸関数）．したがって，$f'(X_0)=0$かつ$f''(X)>0$ならば，関数はX_0で最小になる．

A.8　偏微分

- 本書では，生産関数$X=f(L, K)$や効用関数$U=U(X, Y)$のように，独立変数が1つではなく，2つからなる関数（2変数関数）が登場する．
- 偏微分を利用すると，2変数関数において，一方の独立変数を一定としたときの，他

方の独立変数の変化が従属変数に与える影響を調べることが可能になる．
- 関数 $Z=f(X, Y)$ を X について偏微分することは，$\partial Z/\partial X$（∂ はラウンドと読む）または Z_X と表現され，$Z=f(X, Y)$ を Y について偏微分することは，$\partial Z/\partial Y$ または Z_Y と表現される．
- 例えば，$Z=kX^N Y^M$（k は定数）を X について偏微分するには，定数 k だけではなく，変数 Y を含む Y^M もあたかも定数とみなし，変数 X を含む X^N のみを微分することによって求まる．微分法の公式は偏微分にも当てはまることに注意すると，関数 Z の X についての偏微分は次式のようになる．

$$\frac{\partial Z}{\partial X}=Z_X=NkX^{N-1}Y^M$$

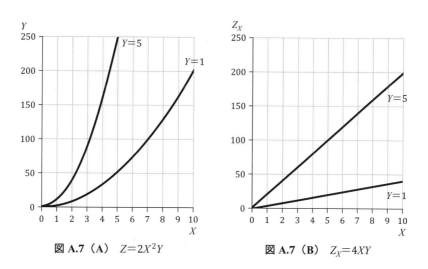

図 A.7（A） $Z=2X^2Y$ 　　　図 A.7（B） $Z_X=4XY$

A.9　全微分

- 2変数関数において独立変数が同時に微小変化したときに従属変数がどれだけ変化するかを表すときには全微分を利用する．
- 関数 $Z=f(X, Y)$ の全微分は次式のように X の微小な変化に伴う Z の変化分と Y の微小な変化に伴う Z の変化分の和として表現される．

$$dZ=\frac{\partial f}{\partial X}dX+\frac{\partial f}{\partial Y}dY$$

- この式の第1項，すなわち，X の微小な変化に伴う Z の変化分は，関数 $Z=f(X, Y)$ の X についての偏微分（$\partial f/\partial X$）と X の微小変化（dX）の積として求められる．第2項，すなわち，Y の微小な変化に伴う Z の変化分は，関数 $Z=f(X, Y)$ の X についての偏微分（$\partial f/\partial Y$）と Y の微小変化（dY）の積として求められる．

A.10　制約付き最適化

- 中級ミクロ経済学では，企業は制約付き費用最小化問題，消費者は制約付き効用最大化問題を解くことが紹介される．
- 目的関数

$$Z = f(X, Y)$$

を次の等号で満たされる制約式

$$g(X, Y) = C$$

の下で最適化（最大化または最小化）する問題を考える．ただし，C は定数である．

- この問題はラグランジュ（未定）乗数法を用いて解くことができる．ラグランジュ乗数法を用いると，制約付きの最適化問題を制約なしの最適化問題と同じような手法で解けるようになる．
- そのためには，新たに λ（ラムダ）という変数を加え，次のようなラグランジュ関数を作成する必要がある．

$$L = f(X, Y) + \lambda[C - g(X, Y)]$$

なお，λ はラグランジュ（未定）乗数と呼ばれる．

- ラグランジュ関数の3つの未知変数 (X, Y, λ) について偏微分し，それをゼロと置き，それらを連立方程式で解くことにより未知変数の値を求めることができる．

$$\frac{\partial L}{\partial X} = L_X = f_X - \lambda g_X = 0$$

$$\frac{\partial L}{\partial Y} = L_Y = f_Y - \lambda g_Y = 0$$

$$\frac{\partial L}{\partial \lambda} = L_\lambda = C - g(X, Y) = 0$$

例題・練習問題略解

作図の解答は新世社ウェブサイトの本書サポートページに掲載しております．

第1章 市場と資源配分

例題1.1 受容者
例題1.2 図省略
例題1.3 （1）（A）200 （B）100 （C）50 （D）100 （E）0 （F）−50 （2）（A）小さ（B）逓減 （3）（A）> （B）= （C）< （4）3 （5）2
例題1.4 （1）図省略 （2）（A）限界便益 （B）需要曲線
例題1.5 図省略
例題1.6

（1）$U'(X)=X^{-\frac{1}{2}}>0$, $U''(X)=-\frac{1}{2}X^{-\frac{3}{2}}<0$

（2）$\max_X CS=2X^{\frac{1}{2}}-\frac{1}{5}X$

（3）25

例題1.7 図省略
例題1.8 （1）（A）75 （B）150 （C）250 （D）75 （E）0 （F）−100 （2）（A）> （B）= （C）< （3）3 （4）4
例題1.9 （1）図省略 （2）（A）限界費用 （B）供給曲線
例題1.10 図省略
例題1.11

（1）$\max_X PS=16X-X^2$

（2）8

例題1.12 （1）（A）（市場）均衡（点）（B）均衡価格 （C）均衡取引量 （2）（A）供給 （B）需要
例題1.13 （1）$P^*=9$, $D^*=S^*=5$ （2）図省略 （3）$CS=2.5$, $PS=12.5$
例題1.14 （A）A+B+C+F （B）B+F （C）A+C （D）A+B （E）B （F）A （G）A+B+C+F+H （H）B+F+G+H （I）A+C−G

練習問題

1.1 ①多数の消費者と生産者が存在する．取引されている財は同質的である． ②均衡価格80，均衡取引量40 ③3200 ④800 ⑤200

第2章 市場介入

例題2.1 死荷重
例題2.2 （1）（A）超過 （2）図省略 （3）（A）死荷重 （B）しくない
例題2.3 （1）（A）超過 （2）図省略 （3）（死荷重が発生するため）効率性の観点から望ましくない．
例題2.4 （1）図省略 （2）（死荷重が発生するため）効率性の観点から望ましくない．
例題2.5 （1）図省略 （2）図省略 （3）（死荷重が発生するため）効率性の観点から望ましくない．
例題2.6 （1）図省略 （2）（社会的余剰が増加するため）効率性の観点から望ましい．
（3）図省略 （4）（死荷重が発生するため）効率性の観点から望ましくない．

練習問題

2.1 ①図省略 ②望ましくない
2.2 ①図省略 ②計上する ③望ましくない
2.3 ①図省略 ②望ましい ③図省略 ④望ましくない

第3章 市場の失敗

例題3.1 市場の失敗
例題3.2 （1）図省略 （2）図省略 （3）図省略 （4）社会的余剰が最大になっていない（死荷重が生じる）ため，効率性の観点から望ましくない．
例題3.3 （1）（A）1単位 （B）N （2）（A）A （B）B （C）C （D）C （E）$A+B$ （3）（A）社会的余剰 （B）死荷重 （4）（社会的余剰が拡大するため）効率性の観点から望ましい．
例題3.4 （1）（A）$ACFO$ （B）$ACDB$ （2）（A）CF （B）H^* （3）（A）JE_MK （B）IE_MMJ （4）（A）IK （B）H^*
例題3.5 （1）図省略 （2）図省略 （3）図省略 （4）社会的余剰が最大になっていない（死荷重が生じる）ため，効率性の観点から望ましくない．

例題3.6 (1) (A) 1単位 (B) B (2) (A) AE^*P^* (B) DE^*P^* (C) AE^*FC (D) AE^*FC (E) AE^*D (3) (社会的余剰が拡大するため)効率性の観点から望ましい.

例題3.7 (A) 非排除性 (B) 非競合性

例題3.8 図省略

例題3.9 (1) 図省略 (2) 図省略 (3) 2

例題3.10 (1) (A) 0 (B) 1 (2) 1 (3) 図省略 (4) 2.5 (5) フリー・ライダー

例題3.11 (1) (A) 1 (B) 4 (2) 正直に選好を申告しなければ自分の消費者余剰を大きくできるため,消費者Aには正直に選好を申告する誘因はない.

練習問題

3.1 ①ある経済主体の行動が,市場取引を経由せず,他の経済主体の厚生に悪影響を及ぼすこと. ②図省略 ③図省略 ④財を1単位生産するごとにNだけ課税する. ⑤負の外部性が存在する市場に対する課税は社会的余剰を大きくするが,完全競争市場に対する課税は社会的余剰を小さくする.

3.2 公共財は,料金を支払わなくても他の消費者と同じ消費量を享受できるため,公共財の便益を享受するのに料金を支払わないフリー・ライダーが現れる.このフリー・ライダー問題のため公共財の民間供給が過小になる.

第4章 弾力性

例題4.1 需要の価格弾力性

例題4.2 (1) (A) 5 (B) 10
(C) $e_D = -\left(-\dfrac{10}{5}\right) = 2$ (2) 弾力的

例題4.3
$$e_D = -\dfrac{dD/D}{dP/P} \quad \text{または} \quad e_D = -\dfrac{dD}{dP} \times \dfrac{P}{D}$$

例題4.4 (1) 0.25 (2) 4

例題4.5
$$e_D = -\dfrac{\Delta D}{\Delta P} \times \dfrac{P}{D} = -\left(-\dfrac{AB}{AC}\right) \times \dfrac{AC}{OA} = \dfrac{AB}{OA}$$

例題4.6
$$e_D = -\dfrac{dD}{dP} \times \dfrac{P}{D} = -\left(-\dfrac{a}{P^2}\right) \times \dfrac{P^2}{a} = 1$$

例題4.7 (1) (A) 小さく (B) 大きく (2) 大きく (3) 大きく

例題4.8 D_1

例題4.9 図省略

例題4.10 供給の価格弾力性

例題4.11 (1) (A) 15 (B) 3
(C) $e_S = \dfrac{3}{15} = 0.2$ (2) 非弾力的

例題4.12
$$e_S = \dfrac{dS/S}{dP/P} \quad \text{または} \quad e_S = \dfrac{dS}{dP} \times \dfrac{P}{S}$$

例題4.13
(1) $e_S = \dfrac{dS}{dP} \times \dfrac{P}{S} = b \times \dfrac{P}{a+bP}$
(2) 1 (3) 非弾力的 (4) 弾力的

例題4.14
$$e_S = \dfrac{\Delta S}{\Delta P} \times \dfrac{P}{S} = \dfrac{(-AB)}{(-BC)} \times \dfrac{BC}{OB} = \dfrac{AB}{OB}$$

例題4.15 大きく

例題4.16 S_1

例題4.17 図省略

例題4.18
$$e_D = -\dfrac{dD}{dP} \times \dfrac{P}{D} = -(-5) \times \dfrac{9}{5} = 9,$$
$$e_S = \dfrac{dS}{dP} \times \dfrac{P}{S} = 1 \times \dfrac{9}{5} = 1.8$$

例題4.19 (1) 図省略 (2) 拡大

例題4.20 (1) (A) 供給 (B) 需要 (2) 図省略 (3) 大き

例題4.21 (1) 図省略
(2) D_1の場合の死荷重の大きさ:
$$80 \times 30 \times \dfrac{1}{2} = 1200$$
D_2の場合の死荷重の大きさ:
$$80 \times 20 \times \dfrac{1}{2} = 800$$
ゆえに,D_1の場合のほうが死荷重は大きい.

練習問題

4.1 ①均衡価格6,均衡取引量15 ②需要の価格弾力性1/15,供給の価格弾力性1 ③税は弾力性の小さい経済主体に重く帰着するため,消費者が重くなる.

第5章 企業行動1:費用

例題5.1 $\Pi = PX - C(X)$

例題5.2 (A) 固定 (B) 可変

例題5.3 (A) 20 (B) 10 (C) 5 (D) 2.5 (E) 5 (F) 0 (G) 5

例題5.4 (A) 減少(低下,逓減) (B) 逓減

例題5.5 (1) 図省略 (2) 労働の限界生産物

例題5.6 (1) 図省略 (2) (A) 限界費用 (B) 大きく

例題5.7
(1) $\dfrac{dX}{dL} = 40L^{-\frac{1}{5}}$